EXPLICATION
DU CAPITULAIRE
DE VILLIS.

(Extrait de la Bibliothèque de l'École des chartes, 3e série, t. IV ; mars 1853.)

EXPLICATION

DU

CAPITULAIRE

DE VILLIS,

PAR M. GUÉRARD,

MEMBRE DE L'INSTITUT,
CORRESPONDANT DE L'ACADÉMIE ROYALE DE BERLIN
ET DE LA SOCIÉTÉ ROYALE D'HISTOIRE DE LAUENBOURG,
MEMBRE HONORAIRE DE LA SOCIÉTÉ GÉNÉRALE D'HISTOIRE DE LA SUISSE,
CORRESPONDANT DE LA COMMISSION DES ANTIQUITÉS DU DÉPARTEMENT DE LA CÔTE-D'OR.

PARIS,

TYPOGRAPHIE DE FIRMIN DIDOT FRÈRES,
IMPRIMEURS DE L'INSTITUT,
RUE JACOB, 56.

1853.

EXPLICATION

DU

CAPITULAIRE *DE VILLIS.*

Ce capitulaire a été l'objet d'un grand nombre de commentaires. En me proposant de l'expliquer de nouveau, j'entreprends une tâche que les travaux de mes devanciers ont rendue à la vérité plus facile, mais qui toutefois, au moins je l'espère, pourra ne pas paraître entièrement superflue.

Ce document si célèbre n'est pourtant pas un capitulaire proprement dit, à moins qu'on ne veuille appliquer ce nom à toute espèce d'écrit divisé en petits chapitres, *capitula*. Mais tel n'est point le sens qu'on lui donne communément. Nous entendons, en effet, par *capitulaires* des ordonnances d'intérêt public, rédigées et promulguées d'ordinaire dans les assemblées nationales. Or, ce qu'on appelle le capitulaire *de Villis* ne présente pas ces caractères : d'abord il concerne non les propriétés en général, mais seulement les terres des domaines du roi; ensuite il n'a pas été rédigé avec le concours des grands du royaume ni dans une assemblée de la nation. Ce n'est donc pas une ordonnance, c'est un règlement presque exclusivement domestique. Enfin, la preuve qu'il n'est pas un capitulaire, c'est que l'abbé de Saint-Wandrille, Ansegise, qui a recueilli les capitulaires de Charlemagne et ceux de Louis le Débonnaire jusqu'à la fin de l'année 826, ni même son très-peu digne continuateur, le diacre Benoît, de l'église de Mayence, n'ont reproduit aucun passage du capitulaire *de Villis* dans leurs recueils.

On ne connaît plus aujourd'hui qu'un seul ms. ancien qui contienne le texte de ce précieux document. Il appartenait à la bibliothèque de Helmstadt; il est présentement conservé dans celle de Wolfenbuttel (duché de Brunswick). Quoiqu'il paraisse remonter au commencement du neuvième siècle, il n'est pas exempt de fautes nombreuses et graves. Le capitulaire a été publié, pour la première fois, en 1647, par Hermann Couring c Conringius, d'après le manuscrit d'Helmstadt, à la suite des le tres de Léon III. Le même savant en donna une deuxième édi tion en 1655. Baluze le réimprima dans sa collection des Capitu laires, et J. Georges Eckhart dans son *Commentarii de reb Franciæ orientalis;* celui-ci un peu moins incorrectement, par qu'il revit le texte sur le manuscrit même dont s'était servi Con ringius. Ensuite Pierre Georgisch l'inséra dans son *Corpus jur germanici antiqui*; Daniel Gotfried Schreber, dans son Traité de biens et revenus de la chambre[1]; et dom Bouquet, dans l tome V de son recueil. Bruns le publia de nouveau, avec de améliorations considérables que lui procura la révision du ma nuscrit[2]. Enfin M. Pertz en a donné une dernière édition, aprè l'avoir encore collationné avec le manuscrit de Wolfenbuttel[3] D'autres savants, tels que Tresenreuter, Ress, Kinderling[4], Anton en ont fait le sujet de publications ou de dissertations particu lières, sans parler de beaucoup d'autres auteurs, tels que l'avo cat Bouquet, l'historiographe Moreau, et même plusieurs écri vains de notre temps, qui se sont aussi occupés de ce document

L'année dans laquelle il fut rédigé est incertaine. Baluze, ave Conringius, reporte cette rédaction avant le 4 juin de l'an 800 M. Pertz, avec Eckhart, la recule à l'année 812, par les raison suivantes. D'abord, il est constant que Charlemagne ordonn en 812 à ses *missi* de faire la description de ses domaines comme le prouve une disposition du capitulaire d'Aix-la-Chapelle de cette année, ainsi conçue : *Ut non solum beneficia episcopo rum, abbatum, abbatissarum, atque comitum sive vassallorun nostrorum, sed etiam nostri fisci describantur, ut scire possemu quantum etiam de nostra* (ou plutôt *de nostro,* comme dan Ansegise, III, 82 ; Pertz, *LL.* I, 309) *in uniuscujusque legation habeamus*[5]. Il est donc permis de croire que le formulaire qu nous avons de la description des *fisci regales*, date de la même année 812, et qu'il a été rédigé en conséquence de la prescrip-tion du capitulaire d'Aix-la-Chapelle[6]. Or, ce formulaire se

1. *Abhandlung von Cammergütern und Einkünften;* Leipzig, 1754.
2. Dans son *Beyträge zu den deutschen Rechten des Mittelalters.*
3. *Mon. Germ.*, *LL.* I, 181-187.
4. A la suite de Bruns, p. 359-421.
5. *Capitul. Aquense, a.* 812, c. 7, dans Pertz, *LL.* I, 174.
6. Le *Breviarium rerum fiscalium Caroli M.* ne fut pas inséré par Baluze dans

trouvant transcrit immédiatement avant le capitulaire *de Villis*, dans l'unique manuscrit qui nous a conservé le texte de ces deux documents, on a pu supposer que la rédaction du capitulaire *de Villis* avait suivi de près celle du formulaire, et par conséquent celle du capitulaire d'Aix, et l'on s'est déjà cru induit ainsi à lui assigner la même date, c'est-à-dire l'année 812. On s'est confirmé dans cette opinion lorsque, en examinant certaines dispositions du capitulaire publié l'année suivante, on a pu y voir comme des reflets du capitulaire *de Villis* [1]. Enfin, et c'est là la véritable raison, on a trouvé dans le titre même de ce dernier, ainsi conçu : *Capitulare de villis vel curtis imperialibus*, la preuve manifeste que le document était postérieur à la restauration de l'empire d'Occident, c'est-à-dire au 25 décembre 800, jour où le pape Léon III mit une couronne d'or sur la tête de Charlemagne, en le proclamant empereur. Telles sont les raisons alléguées par les partisans de la date la moins ancienne. Mais il est douteux qu'elles doivent prévaloir sur la raison, unique à la vérité, que Conringius et Baluze ont présentée à l'appui de l'opinion contraire. Ces savants, en effet, ayant remarqué que Charlemagne, dans plusieurs paragraphes du capitulaire même *de Villis* [2], s'associait la reine pour l'administration de ses biens, en ont conclu naturellement qu'il y avait une reine sur le trône au moment de la rédaction de ce capitulaire, et que, par conséquent, cette rédaction, qui pouvait être beaucoup plus ancienne, était nécessairement antérieure au 4 juin de l'an 800, date de la mort de la dernière femme de Charlemagne.

Cet argument me paraît décisif, même contre le mot *imperialibus* de l'intitulé du capitulaire ; car on aura peu de peine à croire que le copiste, qui écrivait sous l'empire [3], aura, dans un titre, parlé le langage de son temps, tandis qu'on s'expliquerait difficilement comment Charlemagne se serait déchargé d'une

son édition des Capitulaires, parce que le savant Conringius, à qui il s'était adressé pour en avoir une copie d'après le ms. de Helmstadt, aujourd'hui de Wolfenbuttel, ne put parvenir à triompher des difficultés de lecture que présentait le texte. Voy. Eckhart, *Comm.*, t. II, p. 902, note *a*. Mais ce document ayant été publié en 1729 par Eckhart, D. Bouquet aurait dû le comprendre dans sa collection.

1. Voy. *Capitul. Aquisgranense*, *a.* 813, c. 10, 18 et 19, dans Pertz, *LL.* I, 188 et 189.

2. C. 16, 27, 47, 58, dans Pertz, p. 182-185.

3. Le ms. est du commencement du neuvième siècle, au jugement de M. Pertz, p. 175.

partie de l'administration de ses terres sur une personne qui n'aurait pas existé. En conséquence, je conserverai la date de Baluze, et j'estimerai le capitulaire *de Villis* écrit avant le 4 juin de l'an 800.

Je passe à l'examen du texte, composé de soixante-dix articles [1].

Incipit Capitulare de villis et curtis imperialibus.

1. *Volumus ut villæ nostræ, quas ad opus nostrum serviendi institutas habemus, sub integritate partibus nostris deserviant, et non aliis hominibus.*

La *villa*, sous les Mérovingiens, est une terre, en général, y compris les personnes qui l'habitaient. Sous les Carlovingiens, c'est très-souvent un village et déjà même une paroisse. Charlemagne distingue deux espèces de *villa* royales : 1° celles qui sont affectées à l'entretien de sa maison, et dont il a formé, si je puis parler ainsi, sa liste civile; 2° celles dont les revenus sont appliqués à d'autres services qu'au sien, ou qu'il a concédées en bénéfice à des églises, à des abbayes, à ses comtes, à ses vassaux, etc. Il ne veut pas que les terres réservées pour son usage servent à celui d'autrui. C'est une défense adressée à ses intendants.

2. *Ut familia nostra bene conservata sit, et a nemine in paupertate missa.*

Familia nostra s'entend ici de tous les hommes de condition libre ou servile qui avaient pour maître Charlemagne, y compris même les ecclésiastiques (§ 6). Celui-ci veille à leur conservation, et défend qu'aucun d'eux ne soit réduit à la misère par personne. Ses capitulaires témoignent d'ailleurs de l'intérêt qu'il portait aux pauvres, et des efforts qu'il fit pour détruire ce que nous appelons le paupérisme, et réprimer le vagabondage et la mendicité. En cette année de disette, dit-il en décembre 805, que chacun aide les siens autant qu'il peut, et qu'il ne vende pas son blé trop cher : *Et in præsenti anno de famis inopia, ut suos quisque adjuvet prout potest, et suam annonam non nimis care vendat* [2]. Et au mois de mars de l'année suivante : *Consideravi-*

1. Quelques mots du texte ayant été corrigés par le copiste au temps de la rédaction ou peu après, nous avons, à l'exemple de M. Pertz, reproduit en note la première leçon.

2. *Capitul. Theodonis Villæ, communia*, a. 805, c. 4; Pertz, p. 132 et 133.

mus itaque, ut præsente anno, quia per plurima loca famis valida esse videtur, ut omnes episcopi, abbates, abbatissæ, obtimates, comites seu domestici, et cuncti fideles qui beneficia regalia, tam de rebus Ecclesiæ quamque et de reliquis habere videtur, unusquisque de suo beneficio sua familia nutricare faciat, et de sua propriætate propria familia nutriat [1]. En 809, la Gaule ayant encore été affligée par la famine, Charlemagne ordonna de nouveau à tous ses sujets de venir au secours de leurs hommes, tant des libres que des serfs : *Unusquisque præsenti anno, sive liberum sive servum suum de famis inopia adjutorium præbeat* [2]. De même, en 813 : *Ut unusquisque propter inopiam famis suos familiares et ad se pertinentes gubernare studeant* [3]. Quant au vagabondage et à la mendicité, il s'y opposa, non-seulement en prescrivant à chacun de nourrir ses pauvres, mais encore en défendant de les laisser mendier, et même de rien donner aux vagabonds et mendiants à moins qu'ils ne le gagnassent par le travail de leurs mains : *De mendicis qui per patrias discurrunt, volumus ut unusquisque fidelium nostrorum suum pauperem de beneficio aut de propria familia nutriat, et non permittat aliubi ire mendicando. Et ubi tales inventi fuerint, nisi manibus laborent, nullus eis quicquam retribuere præsumat* [4].

J'ai rappelé ces diverses prescriptions, d'abord parce qu'elles sont en rapport avec celles que nous venons de lire dans le capitulaire *de Villis ;* ensuite, parce qu'elles montrent que, si la liberté manquait au pauvre, l'assistance de son maître lui était assurée par la législation. Depuis, si la liberté est devenue le patrimoine de tous les hommes, le devoir de les nourrir ne fut plus imposé qu'à la charité.

3. *Ut non præsumant judices nostram familiam in eorum servitium* [5] *ponere, non corvadas, non materia cedere, nec aliud opus sibi facere cogant ; et neque ulla dona ab ipsis accipiant, non caballum, non bovem, non vaccam, non porcum, non berbicem, non porcellum, non agnellum, non aliam causam, nisi buticulas et ortum, poma, pullos et ova.*

Cet article contient une double défense faite à des officiers du

1. *Capitul alterum ad Niumagam*, *a.* 806, c. 8 ; *ib.* p. 145.
2. *Capitul. Aquisgran.*, *a.* 809, c. 24 ; *ib.* p. 156.
3. *Capitul. alterum Aquisgran.*, *a.* 813, c. 11 ; *ib.* p. 189.
4. *Capitul. primum ad Niumagam*, *a.* 806, c. 9 ; *ib.* p. 144.
5. *Servicium*, 1re leçon.

roi nommés *judices* : celle d'exiger, pour leur profit particulier, des travaux et des services des gens placés sous leurs ordres, et celle de recevoir d'eux aucun présent, à l'exception de choses de peu de valeur.

Le mot *judices* se représentant fréquemment dans les articles qui suivent, j'en réserverai l'explication.

Les corvées, *corvadæ,* sont, comme nous l'avons démontré ailleurs [1], des labours faits, par commandement, aux différentes saisons de l'année, soit à la charrue, soit à la main. Ce n'est que dans les temps modernes qu'on a donné une signification beaucoup plus étendue à ce mot, en l'appliquant à toute espèce de travail ou de peine gratuits.

Materia, ou plutôt *materiam cædere*, c'est couper du bois, c'est-à-dire faire la coupe des bois. *Causa* est pour *res*, chose. *Buticulæ* paraît signifier ici des bouteilles ou de la boisson. *Ortum*, comme on le voit clairement par un passage cité dans Du Cange, doit s'entendre des légumes et des autres produits des jardins.

Une disposition pareille à celle que contient cet article se retrouve dans la lettre écrite par Charlemagne à Pepin son fils, roi d'Italie. L'empereur y fait défense à ses officiers de tous ordres de prendre des logements et des chevaux sur les terres et chez les hommes des églises, des monastères et des hospices ; de faire travailler ces hommes à leurs terres et à leurs maisons ; d'exiger d'eux de la viande et du vin, et de les opprimer en aucune manière : *Pervenit ad aures clementiæ nostræ*, écrit Charlemagne, *quod aliqui duces et eorum juniores, gastaldii, vicarii, centenarii seu reliqui ministeriales, falconarii, venatores et cæteri, per singula territoria habitantes aut discurrentes, mansionaticos et parvaredos accipiant, non solum super liberos homines, sed etiam in ecclesias Dei, monasteria videlicet virorum ac puellarum, et senedochia, atque per diversas plebes, et super reliquos servientes ecclesiæ, et insuper homines atque servientes ecclesiarum Dei, in eorum opera, id est, in vineis et campis seu pratis, necnon et in eorum ædificiis illos faciant operare, et carnaticos et vinum contra omnem justitiam ab eis exactari non cessant ; et multas oppressiones patiuntur ipsæ ecclesiæ Dei vel servientes earum.*

1. *Irm.* 1, 644

Ideoque, carissime fili, etc.; suit l'ordre de réprimer tous ces abus [1].

4. *Si familia nostra partibus nostris aliquam fecerit fraudem de latrocinio aut alio neglecto, illud in caput conponat; de reliquo vero pro lege recipiat disciplinam vapulando; nisi tantum pro homicidio et incendio, unde frauda exire potest. Ad reliquos autem homines justitiam eorum, qualem habuerint, reddere studeant, sicut lex est. Pro frauda* [2] *vero nostra, ut diximus, familia vapuletur. Franci autem qui in fiscis aut villis nostris* [3] *commanent, quicquid commiserint, secundum legem eorum emendare studeant; et quod pro frauda dederint, ad opus nostrum veniat, id est in peculio aut in alio prætio.*

Cet article est un des plus difficiles à expliquer de tout le capitulaire. Je crois y reconnaître deux dispositions principales. La première se rapporte aux actes commis par les gens du roi à son préjudice d'abord, puis au préjudice d'autres personnes, *reliqui homines;* la seconde concerne les actes commis par les hommes libres qui habitent sur ses terres. Mon illustre et vénérable confrère M. Pardessus entend par *reliqui homines* les lites ou les affranchis [4]; mais je doute que cette interprétation, à laquelle sont contraires Tresenreuter et Anton, l'eût entièrement satisfait s'il était entré dans l'explication du passage. Les hommes libres habitant sur les terres du domaine sont d'ailleurs expressément nommés dans un capitulaire de Worms de 829 [5].

Il y a dans le texte un mot important qui paraît avoir été altéré par le copiste : c'est *frauda*, écrit deux fois sous cette forme et une fois sous celle de *fauda*. On ne le trouve employé dans aucun autre document, et les éditeurs et commentateurs que j'ai consultés l'ont remplacé ou interprété par le mot *feida*, à l'exception de M. Pertz, qui, dans une note, le fait synonyme de *freda* [6], et de Kinderling, qui en fait la première fois *frosta*, terre en friche, et la seconde fois *fraude*, fraude, mais sans plus de fondement

1. *Epist. a.* 807, *vel circiter*, dans Pertz, p. 150; Baluze, I, 461; Bouq., V, 629 c.

2. *Fauda*, dans le ms.

3. *Nostris* a été ajouté au-dessus de la ligne.

4. *Loi salique*, p. 590.

5. De liberis hominibus qui proprium non habent, sed in terra dominica resident. *Capitula pro lege habenda*, c. 6, dans Pertz, p. 354.

6. I. c. *freda*, *fredum*, p. 181.

d'un côté que de l'autre. Si l'on donnait la préférence à *feida*, ou *faida*, qui signifie guerre privée, les mots *nisi tantum pro homicidio et incendio*, *unde faida exire potest*, se traduiraient ainsi : « A la réserve de l'homicide et de l'incendie, d'où peut naître une guerre. » Mais entre qui cette guerre? Entre le roi et ses gens, *familia*? cela n'est pas admissible. Entre ses gens et des étrangers? cette interprétation est peu satisfaisante, attendu qu'elle renverserait l'économie de l'article; car il ne s'agit actuellement que des fautes des gens du roi envers lui, et c'est dans la phrase suivante seulement qu'il sera question du tort fait par les gens du roi à des étrangers. Enfin, dans la disposition qui concerne les hommes libres, les mots *quod pro frauda dederint*, supposeraient encore le cas, très-difficile à concevoir, où le roi serait en guerre avec eux. La leçon *faida* présente donc de très-graves difficultés, qui doivent, à mon avis, la faire rejeter. Au contraire, si nous interprétons *frauda* par *freda*, qui est presque aussi souvent en usage que le neutre *fredum*, pour désigner l'amende ou la part qui revient au roi ou aux magistrats dans les jugements, il en résultera un sens qui se justifie de soi-même. En effet, il est naturel que le roi, après s'être contenté de prononcer le fouet pour les cas moins graves, se réserve d'ajouter à cette peine celle du *fredum* pour des crimes, tels que le meurtre et l'incendie. Le verbe *exire*, dans la phrase *unde frauda exire potest*, est d'ailleurs très-souvent employé dans le sens de *sortir* pour *payer*, ou plutôt pour *être payé* [1]. A la seconde ligne de l'article, le mot *caput* veut dire le capital, le principal, la matière du délit, le prix de l'objet détruit, endommagé ou volé. C'est la signification qu'il a dans la loi salique [2], où toutefois il est ordinairement remplacé par le mot *capitale* [3]. Plus bas, l'expression *franci qui in fiscis aut villis nostris commanent*, désigne les hommes libres qui font leur habitation dans les domaines ou les établissements ruraux du roi. C'est en effet dans le sens d'homme libre et de femme libre que sont ordinai-

1. Farinarium, unde exiit in censum de annona modios 15 et denarios 3 et auca pasta 1. *Irm.*, t. II, p. 5, § 40. Voy. aussi *ib.*, p. 151, 165, 179, etc.

2. Voy. *L. sal.*, XXVII, 4; LXI, 1; LXV, 1; premier texte, dans Pard., p. 15, 33 et 34.

3. Voy. surtout le texte de la *Lex emendata*, aux articles des titres 2 à 13, etc.

rement pris les mots *francus* et *franca* des capitulaires [1]. Quant à *peculium,* il est mis pour *pecus* [2], bétail.

Le roi ordonne donc, par cet article, que ses hommes lui fassent une réparation complète des vols et des autres torts qu'ils commettront envers lui, et, de plus, qu'ils reçoivent le châtiment du fouet, à la réserve toutefois des cas d'homicide et d'incendie, pour lesquels ils peuvent encourir l'amende. Mais s'ils causent du dommage à d'autres hommes, ses officiers auront soin qu'il en soit fait justice aux parties lésées suivant leur droit; et les amendes qui pourraient lui en revenir seront remplacées, comme il a dit, par la flagellation. Quant aux hommes libres, habitant ses fiscs ou ses terres, ils doivent réparer, selon leurs lois, le mal qu'ils auront commis, et les amendes qu'ils auront encourues seront payées au roi en bétail ou en autre valeur. Les sommes d'argent fixées pour les compositions pouvaient être remplacées, en effet, par des objets d'égal prix [3].

5. *Quando judices nostri labores nostros facere debent, seminare, aut arare, messes colligere, fenum secare, aut vindeamiare, unusquisque in tempore laboris, ad unumquemque locum, prævideat ac instituere faciat, quomodo factum sit, ut bene salva* [4] *sint. Si intra patriam non fuerit, et in quale loco judex venire non potuerit, missum bonum de familia nostra, aut alium hominem bene creditum, causas nostras providendi* [5] *dirigat, qualiter ad profectum veniant; et judex diligenter prævideat, ut fidelem hominem transmittat ad hanc causam providendam.*

Cet article fait connaître en partie les attributions des *judices*, que nous tâcherons plus tard de définir.

6. *Volumus ut judices nostri decimam ex omni conlaboratu pleniter donent ad ecclesias quæ sunt in nostris fiscis, et ad alterius ecclesiam nostra decima data non fiat, nisi ubi antiquitus institutum fuit. Et non alii clerici habeant ipsas* [6] *ecclesias, nisi nostri aut de familia aut de capella nostra.*

1. Voy., à ces mots, les passages indiqués dans les tables des Capitulaires de Baluze.

2. Voir *Peculium*, dans Du Cange.

3. Voy. *Capitul. Aquisgr.*, *a.* 817, *capitula legibus addenda*, c. 8, dans Pertz, p. 211. Voy. aussi *Capitul. Saxonic.*, *a.* 797, c. 11; *ib.* p. 76. *Peculium* reparait au § 24, avec la même signification.

4. *Salve*, 1re leçon.

5. *Providendo*, 1re leçon.

6. Écrit au-dessus de la ligne.

L'obligation de payer la dîme à l'église, après avoir été un précepte ecclésiastique, confirmé par plusieurs conciles et même par l'autorité royale [1], devint une loi civile par les capitulaires des années 779 et 794 [2]. Charlemagne, s'y étant soumis lui-même, prescrit à ses officiers de payer ce tribut sur tous les produits de ses domaines sans exception. La signification du mot *conlaboratus* est expliquée par les articles 34, 44 et 62, où sont décrites les différentes espèces de ces produits, et par les paragraphes 18, 20, 21 et 22 du *Breviarium* [3]. Nous ferons aussi observer que les ecclésiastiques, *clerici*, étaient compris dans la *familia*. Charles le Chauve, dans son accusation contre Wénilon, archevêque de Sens, dit que ce prélat, lorsqu'il n'était encore que simple ecclésiastique, libre, c'est-à-dire sans aucun lien avec une église, s'étant recommandé à lui, était entré à son service dans sa chapelle, et lui avait prêté serment de fidélité [4].

7. *Ut unusquisque judex suum servitium pleniter perficiat, sicut ei fuerit denuntiatum. Et si necessitas evenerit quod plus servire debeat, tunc conputare faciat, si servitium debeat multiplicare vel noctes.*

Comme les services étaient exactement réglés, ainsi que la suite le fera voir, le roi veut que, dans le cas où ils devraient dépasser la mesure ordinaire, ses officiers fassent faire l'évaluation du surcroît de travail, et régler s'ils devront y pourvoir, soit par un supplément d'hommes, soit par un supplément de journées. Le mot *noctes* est employé dans le sens de *dies*, selon la manière de compter des peuples germains.

8. *Ut judices nostri vineas recipiant nostras, quæ de eorum sunt ministerio, et bene eas faciant, et ipsum vinum in bona mittant vascula, et diligenter prævidere faciant, quod nullo modo naufragatum sit. Aliud vero vinum [5] peculiare conparando emere faciant, unde villas dominicas condirigere possint. Et quandoquidem plus de ipso vino conparatum fuerit, quod ad villas nostras*

1. Voy. la lettre encyclique du roi Pepin, de l'an 765, dans Pertz, p. 32.

2. *Capitul. a.* 779, c. 7, Pertz, p. 36. *Capitul. Francofurt., a.* 794, c. 25, Pertz, p. 73.

3. Dans *Irm.* II, 301-303 ; dans Pertz, p. 178-180.

4. Weniloni, tunc clerico meo, in capella mea mihi servienti, qui, more liberi clerici, se mihi commendaverat, et fidelitatem sacramento promiserat. *Capitul. apud Saponarios, a.* 859, c. 1 ; dans Pertz, p. 462 ; Bal. II, 133.

5. *Alio vero vino*, 1re leçon.

condirigendum mittendi opus sit, nobis innotescat, ut nos commendemus qualiter nostra fuerit exinde voluntas. Cippaticos enim de vineis nostris ad opus nostrum mittere faciant. Censa de villis nostris qui vinum debent, in cellaria nostra [1] *mittat.*

Les officiers devaient avoir soin ou répondre, *recipere*, des vignes qui étaient de leur ressort ou dans leur district, *ministerium*, et veiller à ce qu'il n'y eût pas de vin répandu, perdu, *naufragatum;* c'est le sens que le verbe *naufragare* reçoit dans une foule de documents [2]. Les mots *vinum peculiare* signifieraient du vin commun, suivant Tresenreuter et Anton; mais j'aime mieux les entendre du vin qui n'était pas récolté dans les vignes du roi, et que ses officiers dont les districts renfermaient peu de vignobles, achetaient pour faire ou pour compléter sa provision; ce vin serait opposé au *vinum dominicum*. La suite de la phrase semble confirmer cette interprétation. Le gérondif *comparando* [3], qui n'est expliqué par aucun traducteur ou commentateur, se lie à la première partie de la phrase, et non à l'infinitif *emere. Unde villas dominicas condirigere possint*, est traduit comme s'il y avait *ad villas nostras*, et tous les éditeurs antérieurs à Bruns ont en effet intercalé *ad* dans le texte. Mais je pense que cette préposition n'est pas nécessaire, et que, si on la suppléait ici, il en résulterait de l'obscurité pour la phrase suivante, où elle est employée. *Villas dominicas condirigere* signifierait donc, à mon avis, faire l'approvisionnement des maisons royales; et, ensuite, *plus quod* [pour *quam*] *ad villas nostras condirigendum mittendi opus sit*, voudrait dire : *plus qu'il n'en faut mettre* (du vin) *pour l'approvisionnement, la dépense, le service, la bonne tenue de nos maisons*. Ici le verbe *condirigere* serait nécessairement alors un verbe actif, auquel se rapporterait la préposition *ad*, comme s'il y avait *ad villas nostras condirigendas*. Autrement le mot *condirigendum*, que les traducteurs et les commentateurs ont, il est vrai, laissé de côté, serait inutile devant le gérondif *mittendi*. On trouve d'ailleurs plusieurs passages dans lesquels le verbe *condirigere*, et surtout l'adjectif *condirectus* ou *condrictus*, sont employés dans le sens que je préfère. Je rends aussi *mittere* par *mettre*, conformément

1. *Cellario nostro*, 1re leçon.
2. Voy. ce mot dans Du Cange.
3. On trouve, dans Du Cange, l'expression *vos comparabitis*, employée sous forme de menace, pour dire : *Vous me le payerez*.

à la signification de ce verbe dans la première phrase ; et je pense même qu'il n'en a pas d'autre dans tout l'article. Ainsi *mittere cippaticos* signifierait plutôt, s'il était possible, *faire des provins*, que *envoyer des marcottes de vigne*. En effet, outre qu'il n'est pas dit où ces marcottes doivent être envoyées, on ne voit pas bien la raison de les adresser à Charlemagne, qui n'avait pas de résidence fixe, et qui ne fit d'Aix-la-Chapelle sa demeure habituelle que dans les dernières années de son règne. Mais j'avoue que je ne suis pas satisfait de la manière dont les commentateurs ont interprété le mot *cippaticos*, et que je ne puis consentir à le traduire par des provins ou des marcottes. D'abord cette interprétation, purement conjecturale, ne peut se justifier par aucun texte, attendu qu'on n'en connaît aucun autre où le mot *cippaticos* ait été employé. Ensuite la conjonction *enim*, à moins qu'on ne lui donne le sens d'*autem*, indique évidemment une liaison et non une opposition avec la phrase précédente. Enfin, la suite des idées ne permet pas de placer, après une prescription qui concerne le vin, une disposition relative à la culture de la vigne, pour revenir ensuite au vin dans la phrase qui suit immédiatement ; car il y est dit que le vin provenant du cens levé dans les terres du roi doit être mis dans ses celliers. *Qui vinum debent* est, sans aucun doute, pour *eorum qui*, etc. D'après tous ces motifs, il m'est impossible d'adopter l'explication reçue pour cette partie de l'article, et je pense qu'il s'agit ici de l'ordre donné par le roi de destiner pour sa table le vin de ses vignes, *cippatici* devant signifier le produit des ceps, des cépages.

9. *Volumus ut unusquisque judex in suo ministerio mensuram modiorum, sextariorum, et situlas per sextaria octo, et corborum, eo tenore habeant, sicut et in palatio habemus.*

La mesure appelée *situla* est la même que la *sicla*. Elle est égalée ici à huit setiers, et, dans une charte de 889, à la trentième partie d'une *carrada* [1]. Quant au *modius*, au *sextarius* et au *corbus*, bien que j'eusse à revenir sur l'évaluation que j'ai faite autrefois de ces mesures, ce n'est pas ici le lieu de recommencer mes calculs, et je me contenterai d'y renvoyer [2], en annonçant la nécessité et mon intention de les modifier.

10. *Ut majores nostri et forestarii, poledrarii, cellerarii, de-*

1. Voy. *Irm.* I, 189.
2. *Irm.*, t. I, §§ 87 et 88, et *Éclairc.* L.

cani, telonarii vel ceteri ministeriales rega faciant, et sogales donent de mansis eorum. Pro manuopera vero eorum ministeria bene prævideant. Et qualiscumque major habuerit beneficium, suum vicarium mittere faciat, qualiter et manuopera et ceterum servitium pro eo adimplere debeat.

Les *majores,* les *decani* et les *cellerarii* sont appelés plus bas (§ 58) les aides, *juniores,* des *judices.* Ils appartenaient à la classe si nombreuse et si variée des *ministeriales*, qui sont ici, de même qu'au § 41, des hommes de condition plus ou moins servile, c'est-à-dire des colons, des lides ou des serfs, mais qui plus bas, aux §§ 16 et 47, figurent parmi les principaux officiers du palais ou du roi. Les offices ou métiers, *ministeria*, des ministériels de l'ordre inférieur, étaient de toutes sortes, comme nous le verrons au § 45; ceux dont il s'agit dans notre article avaient rapport à l'économie rurale, et embrassaient la conduite des travaux des champs et l'acquittement des redevances et des services imposés aux tenanciers. Au milieu des désordres qui suivirent la décadence du pouvoir royal, ces ministériels furent particulièrement chargés de s'opposer à la destruction des *villa* royales, et d'empêcher que les colons ne vendissent les terres de leurs manses, pour n'en garder que les habitations [1]. Ils avaient eux-mêmes des tenures, pour lesquelles ils supportaient ordinairement les charges communes; mais ils jouissaient de certains droits ou émoluments, prélevés par eux sur leurs recettes et proportionnés à l'importance de leurs offices. Parmi eux, le maire, *major*, occupait le premier rang. Il n'avait généralement, comme le doyen et le cellerier, qu'une seule terre, *villa,* dans son ressort; et même, si la terre était d'une grande étendue, on la partageait entre plusieurs maires et plusieurs doyens. Charlemagne défend en effet (§ 26) d'attribuer aux maires plus de territoire qu'ils n'en pouvaient visiter et administrer en un jour. Il ne veut pas non plus qu'ils soient pris entre les plus riches de ses tenanciers. Leurs devoirs sont tracés dans un capitulaire de l'an 813 [2]. Mais je ne reviendrai pas ici sur les détails que j'ai fournis ailleurs au sujet de la plupart des *ministeriales* désignés dans l'article qui nous occupe [3]. Quant aux *poledrarii* et aux

1. *Car. C. Edict. Pist., a.* 864, c. 30; dans Pertz, p. 495 et 496.
2. *Capitul. Aquisgr.*, c. 19; dans Bal., I, 510; Pertz, p. 189.
3. Voy. *Irm.*, t. I, § 220-234, et *Cartul. de S. Père*, prolég., § 54.

telonarii, les premiers, qui reparaîtront au § 50, étaient attachés au service des écuries ou des haras, et les seconds étaient chargés de percevoir les droits d'octroi, de marché et de péage.

Le nom de *rega* (remplacé par *ea* dans les anciennes éditions) est donné aux labours, dits *rigæ* dans le Polyptyque d'Irminon, et expliqués dans les *Prolégomènes*. C'étaient les labours particuliers d'une quantité de terre à mesure fixe, différents des labours par corvées, qui se faisaient en commun et selon que l'exigeait la culture des terres domaniales [1]. Les *sogales* sont des porcs, en allemand *Saue*, et non une mesure agraire, comme l'ont entendu Tresenreuter et Anton. Enfin, on ne devra pas s'étonner que les maires, qui n'étaient pas des hommes libres, pussent avoir des bénéfices, attendu qu'il en était concédé aux colons et aux serfs du roi ou de l'église [2].

11. *Ut nullus judex mansionaticos ad suum opus, nec ad suos canes, super homines nostros atque in forestes nullatenus prendant.*

Il y a un mot dans cet article qui me paraît en rendre le sens obscur : c'est *forestes*, qu'on ne peut traduire autrement que par *bois, forêts*. Alors il serait défendu aux juges de prendre, pour eux ou pour leurs chiens, des logements chez les hommes et dans les forêts du roi [3]. Mais cette interprétation satisfait-elle entièrement l'esprit? Car on se demande quel avantage pouvaient avoir les juges à se loger ainsi dans les forêts royales, et quel préjudice le roi en pouvait éprouver. On conçoit bien le motif de cette protection assurée aux personnes ; mais on n'aperçoit guère la raison qui la faisait étendre aux forêts. Il serait, au reste, bien dur, pour des juges qui n'avaient pas le droit de s'établir chez les particuliers, de ne pouvoir se loger au moins dans les champs ou dans les bois. J'avoue qu'il est possible, à la rigueur, d'admettre la leçon reçue; mais il me semble que, s'il était permis de la changer et de lire *forenses* à la place de *forestes*, le sens général en deviendrait plus logique et plus clair. Le terme de *forensis* signifie d'ailleurs, comme celui d'*extraneus*, un homme qui ha-

1. Voy. *Irm.*, t. I, § 345-350.

2. *Capitul. Langob.*, *a.* 786, c. 7, dans Pertz, p. 51. Voy. aussi *Irm.*, p. 241, n. 1, et 242, n. 10.

3. Tresenreuter commente, mais n'explique pas. Dans Anton, *mansionaticos* est rendu, par *Hufenbesizer*, comme s'il y avait dans le texte *mansuarios*, sans que le passage en devienne plus intelligible.

bite une terre dont le maître n'est pas le sien[1]. Il serait opposé ici à *homo noster*, qui désigne un homme du roi.

12. *Ut nullus judex obsidem nostrum in villa nostra commendare faciat.*

La brièveté de cet article n'en rend pas l'explication plus facile. Les deux mots embarrassants sont *obsidem* et *commendare*. Le premier peut signifier à la fois un otage et une caution, comme dans la bonne latinité. Toutefois, je ne trouve pas d'auteur du moyen âge, avant le onzième siècle, qui l'ait employé dans le dernier sens. Le terme de *fidejussor* est celui dont ils se servent habituellement, jusqu'à cette époque, pour désigner une caution, un répondant, *præs, sponsor*. Puis les noms d'*obses* et de *plegius* viennent en usage. Je suis donc porté à traduire par *otage* l'*obsidem* de notre texte. C'est d'ailleurs l'acception propre de ce mot dans tous les temps, et les écrivains du siècle de Charlemagne en fournissent particulièrement une foule d'exemples[2]. Ce prince, qui fit continuellement la guerre et des traités jusque vers les dernières années de son règne, reçut un grand nombre d'otages. Or, nous savons que, dès la première race, ils étaient distribués en plusieurs endroits et confiés à la garde de différentes personnes. Ainsi, au rapport de Grégoire de Tours, les rois Thierri et Childebert, qui avaient fait alliance entre eux et s'étaient donné mutuellement des otages, s'étant brouillés de nouveau (en 533), les otages furent réduits en servitude par leurs gardiens : *Multi tunc filii senatorum in hac obsidione dati sunt* [pour *obsides dati sunt*]; *sed, orto iterum inter reges scandalo, ad servitium publicum sunt addicti; et quicumque eos ad custodiendum accepit, servos sibi ex his fecit*[3].

Mais Charlemagne lui-même, dans l'acte célèbre par lequel il partagea son empire entre ses trois fils, Charles, Pepin et Louis, auxquels il donna le titre de rois, s'exprime ainsi en parlant des otages : « Quant aux otages, dit-il, qui ont été donnés pour sûretés, et que nous avons envoyés en garde dans divers lieux, nous voulons que le roi dans les États duquel ils sont, ne leur

1. Voy. *Irm.*, I, 427.

2. Voy. Einh., *Annal.*, aux années 755, 756, 760, 761, 772, 775, 776, 779, 781, 785, 786, 787, 789, 794, 795, etc.

3. Greg. Tur., III, 15. C'est ici que se trouve rapporté l'épisode d'Attal, neveu de Grégoire, évêque de Langres, et l'un des otages remis par Childebert.

permette pas de revenir dans leur patrie, sans la volonté du roi son frère, dans les États duquel ils ont été pris ; mais que, plutôt à l'avenir, lorsqu'il s'agira de prendre des otages, le frère prêt une aide mutuelle à son frère, aussitôt qu'il en sera légitimemen sollicité par lui. Nous ordonnons la même chose à l'égard d ceux qui, par leurs actes coupables, ont été ou seront envoyés e exil. » *De obsidibus autem qui propter credentias dati sunt, et a nobis per diversa loca ad custodiendum destinati sunt, volumus u ille rex in cujus regno sunt, absque voluntate fratris sui, de cuju regno sublati sunt, in patriam eos redire non permittat ; sed potius, in futurum, in suscipiendis obsidibus alter alteri mutuun ferat auxilium, si frater fratrem hoc facere rationabiliter postulaverit. Idem jubemus et de his qui, pro suis facinoribus, in exilium missi vel mittendi sunt* [1]. Cette disposition fut reproduit mot pour mot, par Louis le Débonnaire, dans la charte qu'i rédigea, d'après celle de son père, pour le partage de l'empire [2].

Il n'est guère possible, toutefois, de voir ici, dans ces *obsides*, des otages de guerre, donnés par un roi à un autre roi ; car i n'y eut pas, et il ne pouvait y avoir, sous un gouvernement auss fort que celui de Charlemagne, des guerres civiles entre ses fils, comme celles qui désolèrent le règne de son indigne successeur. Il s'agit donc, très-vraisemblablement, d'otages politiques, pris par l'empereur dans un des royaumes francs, et emmenés dans un autre, soit pour gage de l'exécution de certaines conventions, soit par mesure de sûreté publique. Toujours est-il qu'il résulte, du texte cité en dernier lieu et du précédent passage de Grégoire de Tours, que les otages en général étaient distribués en différents endroits et confiés à la garde ou d'officiers royaux, ou peut-être aussi, à celle de simples particuliers. Il ne faut donc pas s'étonner de trouver des *obsides* dans les terres du roi.

Maintenant que devons-nous entendre par cette défense de les faire *commendare*, suivant l'expression même employée dans le texte?

Du Cange, en rendant l'*obsidem* de cet article par *hospitem*, hôte, ne pouvait éclairer les commentateurs. Tresenreuter balance

1. *Charta Car. M. de divisione imperii, a.* 806, c. 13, dans Pertz, p. 142.
2. *Ibid.*, p. 358, c. 9.

entre deux interprétations. Suivant la première, le roi défendrait ici à ses juges de prendre parmi les hommes de ses terres ceux qu'il doit donner en otage. Suivant la seconde, au contraire, il enjoindrait à ses juges d'empêcher les otages qu'il a reçus de se mettre en vasselage [1]. Aucune de ces explications ne me paraît satisfaisante, quoique la dernière s'éloigne beaucoup moins, à mon avis, du sens véritable. Anton, qui s'est laissé influencer par Du Cange, a traduit ainsi : *Dasz kein Beamter unserm Gaste in unserm Landgute etwas auftrage*; en français : « Qu'aucun officier ne charge de rien notre hôte dans notre terre. » Je n'ai plus besoin de réfuter la signification d'*hospes* attribuée à *obses*, qui n'est appuyée d'aucune preuve. Il n'y a plus de difficulté que dans le verbe *commendare*. Or ce verbe, outre le sens ordinaire de *déposer*, *confier*, *recommander*, qu'il a eu dans tous les temps, s'est adjoint très-souvent, dans le moyen âge, le pronom personnel *se*, pour signifier *se mettre en vasselage;* et c'est ainsi, nous venons de le dire, qu'il a été entendu par Tresenreuter. Mais ce commentateur, lui donnant à l'actif la valeur qu'il avait à l'état de verbe réfléchi, a supposé qu'on disait également *commendare aliquem*, pour *mettre* ou *recevoir quelqu'un en vasselage*. A la vérité, s'il n'est pas impossible de trouver *commendare* employé activement de cette manière [2], on reconnaîtra toutefois que les exemples en sont rares. Et d'ailleurs, pour adopter cette seconde explication de Tresenreuter, il faudrait nécessairement s'écarter beaucoup du texte, puisque les mots, *ut nullus judex obsidem nostrum commendare faciat,* se traduiraient ainsi : « Qu'aucun juge ne permette à notre otage de se recommander. » Ce qui n'est pas, évidemment, le sens naturel du latin.

Mais quel besoin d'aller chercher si loin la valeur d'une expression qui nous est fournie trois fois par le document même dont nous faisons l'analyse? Je ne parle pas du subjonctif *commendemus*, employé évidemment avec le sens de *mandemus* ou de *jubeamus,* dans l'article 8 que nous avons examiné.

Premièrement, à l'article 23, nous lisons : *Vaccas commendatas per servos nostros*. Or, ici, *commendatas* doit se rendre par *fournies*, *prêtées*, *remises*, comme on le verra en son lieu. Secon-

1. Igitur fortasse judices obsides, regi datos, a *commendatione* arcere jubentur. (Tresenr.)

2. Venerunt supradicti adversarii ejus ; et superavit eos dominus imperator, et dimisit eos atque commendavit. (Theg. 37.)

dement, dans ce passage de l'article 58 : *Quando catelli nostri judicibus commendati fuerint, de suo eos nutriat* (pour *nutriant*), le verbe *commendare* signifie, sans aucun doute, *recommander, confier, remettre*, et ne peut avoir aucun rapport avec le vasselage.

Troisièmement, le même article, immédiatement après la phrase que nous venons de rapporter, continue ainsi : *Aut junioribus suis, id est majoribus et decanis vel cellerariis, ipsos* [*catellos*] *commendare faciat* (toujours pour *faciant*).

Ici l'infinitif *commendare*, qui conserve nécessairement sa signification précédente, est, de plus, accompagné du subjonctif *faciat*, absolument comme dans l'article 12 qui nous occupe. Or, si dans l'article 58 nous rendons ces mots *commendare faciat*, par *qu'il* (*le judex*) *fasse confier, remettre, garder*, et l'on ne peut les rendre autrement, on devra les traduire de même dans l'article 12. Alors cet article sera ainsi conçu : « Qu'aucun intendant ne fasse garder à personne notre otage placé dans notre terre. » C'est donc une défense à l'intendant de confier à autrui la garde de l'otage dont il reste lui-même personnellement chargé. Les motifs d'une telle défense sont d'ailleurs si faciles à concevoir, qu'ils n'ont besoin d'aucune explication ; tandis que, si l'on détournait les mots *obses* et *commendare* de leur acception naturelle, pour arriver à une autre traduction, on n'obtiendrait pas, je crois, un sens aussi satisfaisant.

Enfin, on peut ajouter qu'après avoir défendu à ses officiers, par l'article 11, de prendre des logements chez ses hommes ou chez des hommes étrangers, le roi ne fait ici que rester fidèle à cet article, en voulant que son otage, qui doit être logé par son intendant, ne soit à la charge de personne.

13. *Ut equos emissarios, id est waraniones, bene prævideant, et nullatenus eos in uno loco diu stare permittant, ne forte pro hoc pereat. Et si aliquis talis est, quod bonus non sit, aut veteranus sit, si vero mortuus fuerit, nobis nuntiare faciant tempore congruo, antequam tempus veniat, ut inter jumenta mitti debeant.*

Le mot tudesque *waraniones* a donc, d'après notre texte, la même signification que le latin *emissarii* ou *admissarii*, en français *étalons*.

Au lieu de *ne forte pro hoc pereat*, les anciennes éditions, y compris celles de Baluze et de Bouquet, ont : *Ne forte pro hoc pereant*. C'est Bruns qui a rétabli la vraie leçon du ms. Néanmoins, Anton persévère à rejeter le singulier, qu'il signale pour une des nombreuses fautes du langage du temps, et traduit avec le pluriel : *Damit sic nicht dadurch zu schanden gehen;* c'est-à-dire, en reprenant les mots qui précèdent, que les étalons ne doivent pas rester longtemps à la même place, « de peur qu'il ne leur en arrive malheur. » Mais, comme il ne serait pas facile de s'expliquer pourquoi on exposerait des étalons à périr, en les tenant dans le même lieu, qui leur offrirait d'ailleurs une nourriture abondante, il faut que le commentateur ait donné un autre sens à ce passage, et qu'il y ait vu la défense de laisser trop longtemps le même étalon dans le même haras, pour le service des juments [1]. A la vérité, une défense de cette nature n'aurait pas besoin d'être justifiée, si elle était exprimée clairement dans l'article; mais il me semble que, à moins de faire violence au texte, il n'est guère possible de l'en extraire. On peut observer, en outre, que la rédaction de l'article paraît supposer qu'il ne s'agit pas d'étalons mis en service; car nous voyons plus loin que le roi veut être informé de l'état de son haras, avant que le temps ne vienne de mettre les étalons avec les juments.

En présence de ces difficultés, je préfère m'en tenir à la leçon originale *pereat;* et, rapportant alors ce verbe au substantif *loco*, qui précède, je n'apercevrai dans ce passage que la défense de laisser longtemps les étalons dans le même lieu, c'est-à-dire dans le même pré, dans le même pâturage, de peur qu'ils ne viennent à le gâter, à le détruire par un séjour trop prolongé. En effet, suivant Buffon, si l'on met alternativement des chevaux et des bœufs dans le même pâturage, le fond durera bien plus longtemps que s'il était continuellement mangé par les chevaux; le bœuf répare le pâturage et le cheval l'amaigrit [2].

14. *Ut jumenta nostra bene custodiant, et poledros ad tempus segregent. Et si pultrellæ* [3] *multiplicatæ fuerint, separatæ fiant; et gregem per se exinde adunare faciant.*

Les *jumenta* sont les juments, *poledri* les poulains, et *pultrellæ* les pouliches. Lorsque celles-ci devenaient trop nombreuses, on les séparait du troupeau, pour en former un autre à part. Le trou-

1. C'est, au reste, l'explication donnée par Anton lui-même, dans la suite de son ouvrage, *Geschichte der teutschen Landwirthschaft*, t. I, p. 422.

2. *Hist. nat.*, art. du Cheval, t. XVI, p. 219; Paris, Verdière et Ladrange.

3. *Pultrelle*. Cod.

peau complet se composait de douze juments, comme on peut le conclure du texte des lois salique, ripuaire et allemande[1]. Il est appelé *equaria* dans Varron [2] et *equaritia* dans les auteurs de la basse latinité [3].

15. *Ut poledros [4] nostros missa sancti Martini hiemale ad palatium omnimodis habeant.*

Avant Bruns, on lisait dans les éditions *puledri nostri*, au nominatif. On devait alors faire de *hiemale* le régime du verbe, et entendre que les poulains rentraient, à la Saint-Martin, dans les écuries du palais pour y passer l'hiver. Mais la nouvelle leçon force de rapporter *hiemale* à *missa sancti Martini*, et le verbe *habeant* à *judices*, sous-entendu. Le sens reste à peu près le même; toutefois, il n'est pas aussi bien déterminé.

16. *Volumus ut quicquid nos aut regina unicuique judici ordinaverimus, aut ministeriales nostri sinescalcus et butticularius, de verbo nostro aut reginæ, ipsis judicibus ordinaverit ad eundem [5] placitum, sicut eis institutum fuerit, impletum habeant. Et quicumque per neglegentiam dimiserit [6], a potu se abstineat postquam ei nuntiatum fuerit, usque dum in præsentia nostra aut reginæ veniat, et a nobis licentiam quærat absolvendi. Et si judex in exercitu, aut in wacta, seu in ambasiato, vel aliubi fuerit, et junioribus ejus aliquid ordinatum fuerit, et non conpleverint [7], tunc ipsi pedestres ad palatium veniant, et a potu vel carne se abstineant, interim quod rationes deducant, propter quod hoc dimiserunt; et tunc recipiant sententiam, aut in dorso, aut quomodo [8] nobis vel reginæ placuerit.*

Le roi s'associait la reine, non-seulement pour l'administration de ses domaines, comme le prouvent cet article et plusieurs autres qui viendront après, mais encore pour le gouvernement de ses États, ainsi que le témoignent les auteurs contemporains. L'archevêque Agobard dit que Louis le Débonnaire, après la mort de sa première femme, eut besoin d'en prendre une autre pour

1. *L. Sal. emend.* XLI. *L. Rip.* XVIII, 1. *L. Alam.* XXIX, 4.
2. *R. R.* II, *proœm.* 6.
3. Voy. Du Cange.
4. *Puledros*, 1re leçon.
5. Sans doute pour *eorumdem*.
6. Pour *omiserit*, *non fecerit*.
7. On lit dans le ms. : *conplacuerint*.
8. *Quomo*. Cod.

l'aider dans l'administration et le gouvernement du palais et du royaume : *Quæ ei possit esse adjutrix in regimine et gubernatione palatii et regni*[1]. Hincmar, ou plutôt l'abbé Adalard, dont il reproduit l'écrit, nous apprend que le soin du palais et la réception des présents annuels regardaient la reine, qui se faisait assister du camérier, et qui, dans certains cas, devait en conférer avec le roi. Mais elle n'avait à s'occuper ni de la table ni des écuries :

De honestate palatii seu specialiter ornamento regali, necnon de donis annuis militum, absque cibo et potu, vel equis, ad reginam præcipue, et sub ipsa ad camerarium pertinebat.... De donis vero diversarum legationum ad camerarium respiciebat, nisi forte, jubente rege, tale aliquid esset, quod reginæ ad tractandum cum ipso congrueret[2].

Le sénéchal dont il est ici question appartenait à la classe des grands officiers du palais, et n'a rien de commun avec le *seniscalcus* de la loi des Allemands, qui était un serf investi, dans la maison de son maître, d'une espèce d'autorité sur les autres serfs qui l'habitaient[3]. Marculf nomme les sénéchaux entre les *domestici* et les *cubicularii*, parmi les juges de la cour du roi[4]. Ils sont mentionnés avant les référendaires dans un diplôme, fort mutilé, de Clotaire III, de l'an 658[5]; tandis que d'autres diplomes les placent après tous les autres juges, mais avant le comte du palais, toujours désigné le dernier[6]. Ils ne figurent jamais en plus grand nombre que deux dans les documents de la première race.

Sous la deuxième race, il n'y avait plus qu'un sénéchal, et son pouvoir avait dû recevoir un grand accroissement par la suppression de l'office de maire du palais. Sous la troisième, il occupa la première dignité du royaume; car alors il fut le chef de l'armée, il rendit la justice, fut le principal officier de la maison du roi, et signa toujours le premier aux diplômes royaux.

Adalard, dans Hincmar, nomme le sénéchal et le bouteiller immédiatement après le camérier et le comte du palais, parmi

1. *Apologia*, c. 8, dans Agobard. *Opera*, t. II, p. 61.
2. Hincm. *Epist. de ordine palatii*, c. 22 ; Bouq. IX, 266.
3. *L. Alam.* LXXIX, 3; dans Bal., I, 79.
4. I, 25.
5. Bréq., p. 224.
6. Bréq., p. 227, 333 et 335.

les grands officiers qui prenaient rang à la suite de l'apocrisiaire et du grand chancelier, et qui avaient l'administration du palais du roi : *Post eos vero [i. e. apocrisiarium et summum cancellarium] sacrum palatium per hos ministros disponebatur : per camerarium videlicet et comitem palatii, senescalcum, buticularium, comitem stabuli, mansionarium, venatores principales quatuor, falconarium unum* [1]. Plus loin le même auteur attribue au sénéchal l'intendance du palais, excepté en ce qui concerne la boisson, placée dans les attributions du bouteiller, et en ce qui regarde la nourriture des chevaux, dont l'intendance était réservée au comte de l'étable.

D'après le romantique et romanesque moine de Saint-Gall, le sénéchal, qu'il appelle *magister mensæ regiæ*, n'était tout au plus précédé, à la cour de Charlemagne, que par les *cubicularii* [2].

Tout ce qui concernait le service de la maison royale, particulièrement les provisions de bouche et la table du roi, était placé dans ses attributions. Elles répondaient, par conséquent, à celles de grand maître de l'hôtel dans les temps modernes.

Nous voyons ici, dans notre article, le sénéchal et le bouteiller commander, au nom du roi et de la reine, aux *judices*, et dans un des articles suivants (§ 47), aux veneurs et aux fauconniers, apparemment pour les choses qui rentraient principalement dans leurs offices, c'est-à-dire qui avaient rapport aux provisions de bouche.

Un poëte de la cour, Théodulf, évêque d'Orléans (mort en 821), décrit ainsi, en 796, les fonctions du sénéchal, qui ne paraîtraient pas aujourd'hui d'un ordre très-élevé : « Que le vigilant Ménalque, dit-il, essuyant de sa main le haut de son front inondé de sueur, accoure de sa demeure qui regorge de fruits, et dans laquelle il rentrera à chaque instant pour donner, comme dans un synode, ses lois aux rangs des pâtissiers et des cuisiniers pressés autour de lui. Avec sa prudence qui préside à tout, qu'il apporte les viandes et les mets délicats devant le trône glorieux du roi. »

Paniflua solers veniat de sede Menalcas,
  Sudorem abstergens frontis ab arce manu;

1. Hincm., *Epist. de ord. pal.*, c. 16 ; Bouq., IX, 264 *c*.
2. II, 9 (Bouq.) ; II, 6 (Pertz).

Quam sæpe ingrediens, pistorum sive coquorum
Vallatus cuneis, jus synodale gerit.
Prudenter qui cuncta gerens, epulasque dapesque
Regis honoratum deferat ante thronum [1].

Ménalque est un nom de convention, comme les noms de David, d'Homère, de Flaccus, etc., donnés à Charlemagne, à Angilbert, à Alcuin, par notre auteur dans le même poëme, et par d'autres écrivains du neuvième siècle.

Au dire d'un historien qui florissait vers l'an 968, le fameux Gui, duc de Spolète, n'aurait manqué la couronne de France (déférée, en 888, au comte Eudes, fils de Robert le Fort), que par la faute de son sénéchal. « On rapporte à quelle occasion, dit Liutprand, les Francs ne voulurent pas de Gui pour roi. Ce prince, avant d'arriver à Metz, ville puissante du royaume de Lothaire, dépêcha son dapifère pour préparer le festin royal. Comme l'évêque de Metz envoyait, suivant l'usage des Francs, une grande quantité de vivres pour le repas, « Si vous voulez me « donner un cheval, lui dit le dapifère, je ferai en sorte que le « roi Gui se contente du tiers de ces provisions. » Le prélat, entendant ces mots, dit : « Il n'est pas convenable que nous fas- « sions régner sur nous un roi qui se contente d'un vil repas de « dix drachmes. » De là vint, continue l'historien, que les Francs abandonnèrent Gui et élurent Eudes [2]. » Je ne veux pas commenter cette anecdote ; je ferai seulement observer que le sénéchal y est appelé *dapifer*, et que ces deux noms sont en effet synonymes [3].

Le sénéchal allait à la guerre, et avait sans doute un commandement à l'armée. Le sénéchal Eggihardus fut tué avec Roland au

1. Theod., *Carm. III*, I, v. 181-186 ; dans Sirmond, *Opera*, t. II, p. 1067, et dans Bouq., V, 420 *a*.

2. Fertur autem hac occasione Francos Widonem regem sibi non adsumpsisse. Nam, dum ad Metensem venturus esset urbem, quæ potentissima in regno Lotharii claret, præmisit dapiferum suum, qui alimenta illi more regio præpararet. Metensis vero episcopus, dum cibaria ei multa, secundum Francorum consuetudinem, ministraret, hujusmodi a dapifero responsa suscepit : « Si equum saltem mihi dederis, fa- « ciam ut tercia obsonii hujus parte sit rex Wido contentus. » Quod episcopus audiens : « Non decet, inquit, talem super nos regnare regem, qui decem dragmis vile sibi « obsonium præparat. » Sicque factum est, ut Widonem desererent, Oddonem autem eligerent. (Liutprandi, Ticin. diac., *Antapodosis*, I, 16 ; Pertz, III, 280 ; Bouq., VIII, 131 *a*, *b*.) Au reste, Gui de Spolète fut proclamé roi d'Italie en 889, et empereur d'Occident deux ans après.

3. Willelmus dapifer, qui senescallus appellatur. (*Chron. Moriniacense*, lib. II, p. 369; dans Bouq., XII, 75 *b* ; douzième siècle.)

passage de Roncevaux : *In quo prælio, Eggihardus, regiæ mensæ præpositus, Anselmus comes palatii, et Rotlandus, Britannici limitis præfectus, cum aliis compluribus interficiuntur* [1]. On remarquera que le sénéchal est nommé le premier. En 786, lorsque Charlemagne voulut réduire les Bretons, qui refusaient de lui payer le tribut accoutumé, il envoya contre eux son sénéchal Audulfus, encore appelé *regiæ mensæ præpositus* par Éginhard, dans son style pur et classique pour le temps [2]; tandis qu'il est désigné sous le titre de *sinescalcus* par d'autres écrivains [3]. Dans Réginon il est qualifié *princeps cocorum* [4], qualification qui convient en effet au sénéchal.

Ermoldus Nigellus, qui écrivait son poëme en 826, distingue le *princeps coquorum* du *princeps pistorum*. Celui-ci était le grand panetier, et celui-là le chef des cuisiniers, nommé longtemps après le grand-queux. L'un et l'autre office dépendaient vraisemblablement de celui du sénéchal :

Pistorum Petrus hinc princeps, hinc Gunzo coquorum
Accelerant, mensas ordine more parant.....
Hic Cererem solitus, hic carnea dona ministrat [5].

Pour ne pas m'écarter davantage de mon sujet, je m'abstiendrai de suivre le sénéchal dans ses fonctions sous la troisième race, et même d'ouvrir le petit livre composé dans le douzième siècle par *Hugo de Cleeriis*, si plein de renseignements sur le sénescalat des comtes d'Anjou, bien qu'il soit entaché d'erreurs grossières et, il faut le dire, de beaucoup de mensonges [6].

Le bouteiller, dont il n'est peut-être pas fait mention, au moins sous le nom de *buticularius*, dans un document plus ancien que notre Capitulaire, est, comme on l'a vu, nommé par Hincmar parmi les grands officiers du palais, entre le sénéchal et le comte de l'étable. Le même auteur fait entendre qu'il avait en particulier l'intendance des vins [7].

1. Einh. *Vita C. M.*, 9.
2. *Annal. a.* 786; dans Pertz, I, 169.
3. *Annal. Lauriss.*; Pertz, I, 168. *Annal. Tiliani; ibid.*, 221.
4. Pertz, I, 560.
5. *Carmen*, l. IV, vers 459, 460 et 463; dans Bouq., VI, 59 *d*, et dans Pertz, II, 510.
6. *De majoratu et senescalcia Franciæ*, dans Bouq., XII, 492-495.
7. Hincm., *Epist. de ord. pal.*, c. 23; Bouq., IX, 266.

Tresenreuter et Anton le confondent avec le *pincerna* ou *scantio*, sans alléguer leurs autorités. A la vérité, saint Jérôme, qui fait du *pincerna* un esclave chez les Romains, dit que c'était au contraire chez les rois barbares un titre de la plus haute dignité. *Ubi nos posuimus principem vinariorum,... quem servum nos possumus, more vulgi, vocare pincernam. Nec vile putetur officium, cum apud reges barbaros usque hodie maximæ dignitatis sit, regi poculum porrexisse* [1]. Mais de ce que le *pincerna* présentait la coupe aux rois barbares, et que de grands honneurs étaient attachés à son titre, il ne s'ensuit pas qu'on doive l'assimiler au *buticularius* de Charlemagne. L'autorité d'Hariulf, écrivain de la fin du onzième siècle, qui qualifie *regius buticularius* un officier appelé *pincerna regis* dans une charte de l'an 1063, que le même chroniqueur a insérée dans son texte, ne suffit pas non plus pour justifier cette assimilation [2]. Nous possédons, en effet, un assez grand nombre de documents qui prouvent qu'il y avait plusieurs *pincerna* ou échansons, tandis que je n'en connais pas un seul où il soit fait mention de plus d'un bouteiller. Ainsi, pour citer quelques exemples, le roi Sigebert II [638-656] avait à sa cour plusieurs *pincerna,* puisqu'il leur donna pour chef S. Bon, qui bientôt après fut nommé référendaire : *Cumque ab eo* [i. e. *Sigiberto Bonitus*] *obnixe diligeretur, principem eum pincernarum esse præcepit. Non multo post, annulo ex manu regis accepto, referendarii officium adeptus* [3].

De même, nous trouvons à la cour de Clotaire III, roi de Neustrie [de 656 à 670], plusieurs échansons, dont le chef était Herblond, qui devint abbé d'Aindre, dans le diocèse de Nantes. Le roi avait tant d'amitié pour lui, dit le biographe de ce saint, *ut... dispensatorem sui potus principemque constitueret pincernarum* [4]. On remarquera que, dans ce passage, le prince des échan-

1. *Quæst. in Genesim,* XL, 1.

2. *Chron. Centul.* IV, 22, dans d'Achery, II, 344. Le même officier, qui se nommait Hugues, a le titre de *pincerna* dans un diplôme du roi Henri Ier, de l'an 1057, Bouq., XI, 594 *d*, et dans Orderic Vital, l. III, p. 493 (Bouq., XI, 234 *e*); tandis qu'il porte le titre de *buticularius* dans plusieurs diplômes du même Henri Ier, des années 1057 à 1060 (Bouq., XI, 595 *c*, 599 *b*, 604 *c*, 606 *c*). Mais la différence des dates permet de supposer qu'il a passé en 1057 d'un office à l'autre.

3. *Vita S. Boniti, episc. Arvern.*, n. 3, dans Bouq., III, 622 *e* (septième ou huitième siècle).

4. *Vita S. Hermenlandi, abb. Antrensis*, n. 3; dans Bouq., III, 633 *d* (huitième siècle).

sous est celui qui verse à boire au roi; cela est exprimé par *dispensatorem potus*. Sous la seconde race, Éginhard nous apprend qu'au nombre des quatre ambassadeurs envoyés en 781 par Charlemagne et le pape Adrien Ier à Tassilon, duc des Bavarois, figurait Ébrard, maître des échansons, *Eberhardus, magister pincernarum* [1]. De plus, le poëte Ermoldus Nigellus nous représente le jeune Othon commandant aux échansons et servant les vins à la table de Louis le Débonnaire :

Nec minus Otho puer pincernis imperat ardens,
Præparat et Bacchi munera lenta meri [2].

Enfin, sous la troisième race, et dans le onzième siècle, pour ne pas descendre plus bas, deux personnages prennent l'un et l'autre le titre de *pincerna*, dans leur souscription à un diplôme de Henri Ier, de l'an 1057 : *Signum Hugonis, pincernæ regum;* et trois lignes après : *Signum Valterii, pincernæ regis* [3].

Nous conclurons de toutes ces citations que les rois avaient plusieurs échansons à leur service ; tandis que, je le répète, aucun document ne nous autorise à croire qu'ils aient eu plus d'un bouteiller. Ce qui paraît déjà s'opposer à la confusion des deux offices. Mais nous pouvons citer en outre, à la vérité, sous la troisième race seulement, des diplômes dans lesquels, après la signature du *buticularius*, on lit celle d'un *pincerna*. Ainsi, un diplôme de Henri Ier, de l'an 1057, porte la souscription suivante : *Signum Hugonis buticularii*, et, deux lignes plus bas : *Signum Gisleberti pincernæ* [4]. Un diplôme de Philippe Ier, de 1067, pour l'église de Saint-Martin-des-Champs, est souscrit par les principaux officiers de sa cour, parmi lesquels on remarque le bouteiller et deux échansons : *Signum regis Philippi... Radulfus seniscalcus. Walerannus camerarius. Baldricus constabularius. Engenulfus buticularius. Adam pincerna. Guido marescalcus. Drogo pincerna. Engelranus, pædagogus regis. Petrus cancellarius* [5].

1. *Annal. a.* 781, dans Pertz, I, 163. De même dans les Annales de Loisel et de Metz.

2. *Carmen*, l. IV, v. 465 et 466, dans Bouq., VI, 60 *a*, et dans Pertz, II, 510.

3. Bouq., XI, 594 *d*. Hugues est qualifié *pincerna regum*, peut-être parce qu'il remplissait déjà l'office d'échanson sous le roi Robert, père et prédécesseur de Henri ; car Philippe, fils de Henri, n'ayant été associé au trône qu'en 1059, n'avait pas le titre de roi en 1057, et ne peut être désigné dans l'expression *pincerna regum*.

4. Bouq., XI, 595 *c*.

5. *Gall. christ.* VII, instr. 35.

Longtemps après, en 1317, au sacre de Philippe V, le bouteiller était de même distingué de l'échanson; car il s'éleva alors une contestation entre le seigneur de Sulli, bouteiller, et le seigneur de Soyecourt, échanson, sur la question de savoir auquel des deux appartiendrait la coupe dont le roi s'était servi au festin du couronnement [1].

Enfin, si l'on parcourt le chapitre VIII de l'Histoire généalogique du P. Anselme, on y trouvera la liste des grands bouteillers et celle des premiers ou grands échansons, au moins depuis 1162 jusqu'à 1483, lesquelles listes sont entièrement différentes. Au commencement du règne de Charles VIII, la charge de grand bouteiller fut supprimée et réunie à celle de grand maître; mais la charge de grand échanson subsista jusqu'à la révolution de 1789. Il y avait quatre échansons sous Philippe III, sept sous Philippe V, et depuis le nombre s'en est élevé jusqu'à treize [2].

Il est donc certain qu'à tous les temps de la monarchie, le bouteiller doit être distingué des échansons et même du grand échanson, auquel il était bien supérieur en dignité. Sous la troisième race, il jouit du privilége de souscrire aux diplômes des rois, et fit partie des grands officiers de la couronne; ce qui ne fut jamais dans les prérogatives du grand échanson.

Il paraît même que, dans l'origine, l'office d'échanson était rempli par des esclaves, au moins ailleurs que chez le roi [3], et quelquefois par des femmes. D'après le récit d'un hagiographe, une jeune Saxonne, d'une famille illustre de Bretagne, ayant été vendue comme esclave, entra dans la maison d'Erchinoald, maire du palais de Neustrie (prédécesseur d'Ébroin), où elle servit en qualité d'échanson. C'était la jeune Bathilde, qui devint ensuite reine de France par son mariage avec le roi Clovis II. *Quam instituit* [*Erchinoaldus*], *ut sibi in cubiculo pocula porrigeret, et, ut pincerna honestissima, sæpius præsens astaret in ministerio ejus* [4]. Mais dans le palais de Charlemagne, un nommé Eppinus, qualifié de simple échanson, *pincerna*, paraît être un personnage considérable [5].

1. Anselme, *Hist. génér.*, VIII, 597.
2. Voy. *ibid.*, p. 596 et 597.
3. *L. Sal. Herold.*, XI, 6. Greg. Tur., II, 23; V, 47.
4. *Vita S. Balthild.*, n. 2, dans Bouq., III, 571 d.
5. Theodulf., *Carm.*, III, 1, v. 187 et 188; dans Sirm., II, 1067; Bouquet, V, 420 a.

C'est du tudesque *scantio* [1] qu'est venu le nom d'échanson ; mais *scantio*, qui est déjà dans la loi salique [2], devient ensuite assez rare dans les documents de notre histoire. Il y est ordinairement remplacé par son synonyme *pincerna*. Il reparaît dans une charte de 1162, souscrite par un *Johannes scancio* [3], qui est un échanson du roi, dans les registres de Philippe-Auguste et dans les tablettes de cire et autres comptes de saint Louis.

Je dois dire aussi quelques mots des deux autres offices mentionnés avec les premiers dans le même article.

Les rois des Francs entretenaient un grand nombre de chasseurs ou veneurs, *venatores*, pour satisfaire à leur amour de la chasse, à laquelle ils consacraient tout le temps qu'ils n'employaient pas à la guerre. Hincmar en distingue quatre principaux, *venatores principales quatuor*, qu'il place parmi les grands officiers du palais. Un autre officier, qu'il leur adjoint, sous le titre de fauconnier, *falconarius*, avait l'intendance particulière de la chasse au vol. Tous les cinq étaient placés sous l'autorité immédiate du grand chapelain et du grand chancelier [4]. Leurs attributions communes consistaient à pourvoir à tout ce qui était nécessaire au service du roi et de sa cour dans ses parties de chasse, à veiller à l'entretien des chiens et des oiseaux dressés à cet exercice, enfin à fournir toutes les provisions de gibier dont les maisons royales avaient besoin pour la table des personnes qui les habitaient ou qui venaient y séjourner en passant. Dans les approvisionnements, ils devaient se précautionner également contre le superflu et contre la disette ; car, ajoute Adalard [5], si rien ne devait manquer, rien ne devait être perdu. A cet effet, ils recevaient les ordres et les instructions du roi et de la reine, soit directement, soit par l'intermédiaire du sénéchal et du bouteiller, comme il sera dit dans la suite [6]. L'auteur de la vie de Louis le Débonnaire appelle le fauconnier *prælatus capis*, mot à mot préposé aux faucons [7]. Le mot *capus* signifie en effet un

1. En allemand, *Schenk* veut encore dire cabaretier, et *schenken*, verser à boire.
2. Voy. la note 3 de la page précédente.
3. *Gallia christ.*, X, instr. 214.
4. Hincm., *de Ord. pal.*, c. 16 et 24, dans Bouq., IX, 265 a et 266 e.
5. Au dernier endroit cité.
6. Art. 47.
7. Astron., c. 20; dans Bouq., VI, 96 a.

faucon, comme le prouve ce passage d'un capitulaire : *Ut episcopus... non cum canibus aut accipitribus vel capis, quos vulgus falcones vocat, per se ipsum venationes exerceat*[1].

Je reprends la suite de l'article 16. Les autres mots, tels que *wacta*, garde, et *ambasiatum*, mission, n'ont pas besoin de commentaires : ils s'entendent et se traduisent sans difficulté. Cependant les passages où il est enjoint aux *judices* et à leurs lieutenants de s'abstenir de boisson, *potus*, et de chair, *caro*, jusqu'à ce qu'ils se soient rendus au palais pour se justifier, n'ont pas été entendus, je crois, par Tresenreuter ni par Anton. Le premier suppose qu'on leur défend de boire, pour qu'ils ne se présentent pas en état d'ivresse devant le roi. Le second dit que la défense porte seulement sur l'usage du vin, de la bière et de la viande, les autres boissons et aliments n'étant pas interdits. Mais ces explications me paraissent trop subtiles. Et quels moyens concevoir d'ailleurs pour assurer l'exécution d'une pareille ordonnance? Cette manière de s'exprimer revient simplement, je pense, à dire qu'ils devront venir aussitôt qu'ils seront mandés, qu'ils partiront sans délai, sans perdre un instant, sans même prendre le temps de boire ou de manger. On voulait ainsi que la justification ou la punition fussent promptes, pour ne pas laisser à la faute le temps de se déguiser. On observera de plus que les inculpés ne devaient pas avoir beaucoup de chemin à faire pour se rendre au palais; d'abord parce qu'ils en recevaient directement les ordres, et qu'on doit croire qu'il ne s'agit ici que des personnes de la résidence royale habitée actuellement par le roi; ensuite parce que le cas est prévu où ils seraient éloignés ou empêchés. Enfin on ne s'étonnera pas que les lieutenants ou remplaçants du juge soient menacés de la flagellation ou d'autres peines corporelles, attendu qu'ils ne jouissaient pas de la liberté. Aucun châtiment de cette nature n'est, au contraire, prononcé contre les *judices*, qui tous appartenaient à la classe des hommes libres, comme nous le verrons plus tard.

17. *Quantascumque villas unusquisque in ministerio habuerit, tantos habeat deputatos homines, qui apes ad nostrum opus prævideant.*

Nous avons vu que les maires n'avaient généralement dans

1. *Ludov. imper. convent. Ticin. a.* 850, c. 4 ; dans Pertz, *LL.* I, 396.

leur ressort qu'une seule terre, un seul domaine, qui pouvait néanmoins comprendre plusieurs villages. Les *judices*, au contraire, étendaient leur juridiction sur plusieurs terres, et par conséquent sur plusieurs mairies.

Le miel, dont il sera encore question dans la suite [1], était d'un grand usage au moyen âge. Au neuvième siècle, l'abbaye de Saint-Germain en récoltait, pour la seule mense conventuelle, près de huit hectolitres [2]. Chez les Bavarois, les colons et les serfs des églises payaient la dîme de leurs ruches [3]. Dans un papyrus de Marini, une redevance totale de soixante-dix livres de miel est imposée à deux colons [4]. Le miel était en partie produit dans des ruchers, en partie recueilli dans les bois. Les employés à ce genre d'industrie, appelés *apiarii* par Pline, sont désignés dans les documents du moyen âge sous le nom de *cidelarii*. *Zeidler* est encore, en allemand, un gardien d'abeilles. On trouvera, dans le Polyptyque d'Irminon [5], au sujet du miel, des détails qu'il est inutile de reproduire ici.

18. *Ut ad farinarias nostras pullos et aucas habeant juxta qualitatem farinarii, vel quantum melius potuerint.*

Le mot *farinaria*, au féminin, ne se trouve peut-être pas ailleurs, tandis que *farinarius* ou *farinarium* est souvent employé pour signifier un moulin. La leçon *farinarias nostras* paraît d'autant plus fautive, que nous lisons bientôt après *farinarii*, et que ce mot ne peut guère être que le génitif du premier substantif. On ne voit pas, en effet, que *farinarius* ait jamais été dit du meunier. Les oies, *aucæ*, étaient souvent l'objet d'une redevance imposée aux moulins. Quant aux poulets, ils constituaient, pour ainsi dire, le tribut obligé de toute espèce de tenure [6].

19. *Ad scuras nostras in villis capitaneis pullos habeant non minus C, et aucas non minus XXX. Ad mansioniles vero pullos habeant non minus L, aucas non minus quam XII.*

Scura signifie tantôt une grange ou un fénil, tantôt une écurie. Mais c'est probablement dans l'acception de fénil qu'il faut

1. § 44, 59 et 62.
2. *Irm.*, I, 725.
3. *De apibus decimum vas* (*L. Baj.*, I, 14, 3). *Vas* est la ruche.
4. *Pap. dipl.*, p. 203.
5. § 388. Voy. aussi Anton, I, 163; II, 365; III, 530.
6. *Irm.*, I, 706.

le prendre ici, de même qu'au § 58, où il est encore employé; car, d'une part, une écurie est appelée *stabulum* au § 50, et, d'autre part, dans le *Breviarium*, des *scuræ* sont mentionnées avec un *spicarium*, qui ne peut être qu'une grange [1]. Au reste, on pouvait déposer dans les écuries, aussi bien que dans les granges et les fénils, le manger des poules et des oies, et le son ou la grosse farine, appelée dans les siècles suivants *brennium*, qui servait de principale nourriture aux chiens de chasse. Les *villæ capitaneæ* étaient, dans les fiscs, les terres principales, desquelles dépendaient d'autres terres d'un ordre inférieur, appelées souvent *mansioniles*. Telle est, en effet, la signification de ce dernier mot dans le *Breviarium*. Toutes ces terres étaient domaniales, c'est-à-dire opposées aux terres tributaires ou censuelles [2]. Seulement la *villa capitanea* renfermait un principal manoir ou *mansus dominicatus* complet, tandis que le *mansionilis* n'était qu'un petit manse formé de granges ou d'écuries, avec cour et jardin, et quelquefois aussi composé d'une habitation [3]. L'explication de ce passage, dans Tresenreuter et dans Anton, m'a paru insuffisante. J'ajoute que *pullos* doit comprendre ici les poules au moins autant que les poulets, quoique le mot *pullus*, avec la signification de *poule*, n'ait pas été relevé par Du Cange. On ne compose pas, en effet, une basse-cour uniquement de poulets.

20. *Unusquisque judex fructa semper habundanter faciat omni anno ad curtem venire; excepto visitationes eorum per vices tres aut quattuor seu amplius dirigant.*

La rédaction de cet article est défectueuse dans les anciennes éditions, et peut-être même dans les nouvelles, qui toutefois reproduisent avec une exactitude minutieuse le texte du manuscrit. Les commentateurs entendent par *fructa* toute espèce de fruits en général, *fructus* en latin, *früchte* en allemand. Il me semble, au contraire, que ce mot signifie ici les produits des poules et des oies qui sont mentionnées dans l'article précédent, et dont celui-ci est le complément naturel. De plus, Anton rapporte le pronom *eorum* à *unusquisque judex*, tandis que le sens, non moins que la grammaire, me force de le rapporter à *fructa*. Enfin, acceptant l'article tel qu'il est, je crois qu'il contient

1. C. 19, dans *Irm.*, II, 301 et 302.
2. Voir ce qu'on doit entendre par le *domaine* proprement dit, dans *Irm.*, proleg., §§ 240, 241 et 251.
3. Voy. le *Breviarium*, à l'endroit cité plus haut.

l'ordre 1° de faire venir à la basse-cour de l'intendant les produits des poules et des oies, en quantité suffisante, pour que la maison du roi en soit abondamment pourvue pendant toute l'année ; 2° de faire quatre ou cinq inspections, et plus, de ces produits, pour empêcher, je le suppose, les soustractions.

21. *Vivarios in curtes nostras unusquisque*[1] *judex ubi antea fuerunt habeat ; et si augeri potest, augeat ; et ubi antea non fuerunt, et modo esse possunt, noviter fiant.*

Le mot *vivarius* ou *vivarium* (car on disait l'un et l'autre dans le moyen âge) n'a pas une signification aussi étendue que chez les anciens. Il ne signifie plus qu'un réservoir à poissons, comme notre mot *vivier*, qui en dérive. En effet, à l'article 65 qui suit, on lit *pisces de wiwariis* (pour *vivariis*) ; dans le capitulaire d'Aix-la-Chapelle, de 813, *vivaria cum pisces* (pour *piscibus*) [2], etc.

22. *Coronas de racemis, qui vineas habuerint, non minus tres aut quattuor habeant.*

« Que ceux qui ont des vignes n'aient pas moins de trois ou quatre couronnes de raisins. » Telle est la traduction simple et exacte de cet article, qui a beaucoup exercé la sagacité des commentateurs, et qui n'a été compris, je le crois, par aucun d'eux. Tresenreuter cite à cette occasion la mention faite par Du Cange de la redevance d'une couronne de raisins, *corona de racemis*, dont Louis VIII exempta l'abbaye d'Homblières [3]. Mais il ne donne pas d'explication, et s'écarte de la bonne voie, en allant chercher l'usage antique d'orner le foyer de couronnes de fleurs en l'honneur du dieu Lare, et de se couronner et de couronner les victimes de lierre mêlé de pampres, dans les sacrifices à Bacchus. Anton suit l'opinion de Ress, qui a été reproduite dans la dernière édition des Capitulaires. Il entend par *coronas de racemis* des cabarets ayant pour enseignes des couronnes. Il suppose, en outre, que c'étaient les juges, possesseurs de vignes, qui devaient tenir chacun trois ou quatre de ces cabarets au moins.

Je ne saurais souscrire à cette interprétation, et voici pourquoi. D'abord, on ne trouve pas d'exemple que *corona de racemis* ait jamais signifié un cabaret ; ensuite, il n'est pas possible que cette locution ait été employée dans ce sens par synecdoque. A

1. *Usquisque*. Cod.

2. C. 19, dans Pertz, p. 189 ; Bal., I, 510.

3. Au mot *Corona*, dans Du Cange, qui renvoie à Héméré, *Augusta Viromanduorum*, p. 52.

la vérité, on conçoit que les cabarets aient été désignés par le signe extérieur qui servait à les faire reconnaître; mais, comme il s'agit ici de couronnes de raisins, et que des couronnes de cette nature n'ont jamais pu servir d'enseigne permanente, il y a, je crois, impossibilité d'admettre une interprétation qui n'est pas moins réprouvée par le bon sens que par la langue. Il faut donc songer à autre chose qu'à des cabarets avec des *judices* pour cabaretiers.

Pour parvenir à l'intelligence de l'article, rappelons-nous que les tenanciers étaient chargés de redevances et de services au profit des maîtres de leurs tenures, et que ces derniers, lorsqu'ils passaient ou séjournaient dans leurs terres, jouissaient, entre autres droits, de celui d'exiger de leurs hommes des vivres et d'autres objets servant à leur table et à leur logement. Ce droit, dont il est plus d'une fois question ici, est souvent mentionné dans les capitulaires, les diplômes et les formules, sous les noms de *mansiones*, *mansionatici*, *paratæ*, et, plus tard, sous ceux de gîtes et de droits de prise. Ainsi, le roi faisait prendre chez les habitants de ses terres, qui tenaient de lui leurs possessions, les fruits et les autres provisions dont il avait besoin pour lui ou pour ses envoyés. Il pouvait, par conséquent, demander des raisins, non-seulement dans la saison où ils mûrissent, mais encore pendant tout le temps qu'il était possible d'en conserver. Or, on les conservait, comme on fait encore aujourd'hui, dans les campagnes surtout, en les attachant par le pédoncule à des perches ou à des cercles de tonneau suspendus au plancher. Ces cercles de raisins formaient des espèces de couronnes, semblables à celles qu'on suspendait dans les églises pour supporter des lampes ou des cierges. Les *coronæ de racemis* de notre texte ne sont pas, je crois, autre chose. De sorte que, en nous tenant au mot-à-mot, comme nous avons fait, et en traduisant ainsi l'article : « Que ceux qui ont des vignes [de nous] n'aient pas [chez eux et à notre disposition] moins de trois ou quatre couronnes de raisins, » nous présentons, il me semble, une interprétation entièrement satisfaisante.

23. *In unaquæque villa nostra habeant judices vaccaritias, porcaritias, berbicaritias, capraritias, hircaritias, quantum plus potuerint, et nullatenus sine hoc esse debent. Et insuper habeant vaccas illorum servitium perficiendum commendatas*[1] *per servos*

1. Anton : *besorgte*, soignées.

nostros; qualiter pro servitio ad dominicum opus vaccaritias vel carrucas nullo modo minoratæ sint. Et habeant, quando servierint ad canes dandum, boves cloppos[1] *non languidos, et vaccas sive caballos non scabiosos, aut alia peccora non languida. Et, ut diximus, pro hoc vaccaritias vel carrucas*[2] *non minorent.*

Voilà encore un article qui n'a pas été entendu des commentateurs. Le *Breviarium* de Charlemagne nous fait connaître la composition de ses troupeaux pour cinq de ses terres. En négligeant la dernière terre, pour laquelle plusieurs nombres ont été omis, nous trouvons, en résumé, dans les quatre vacheries, 86 bœufs, 106 vaches avec leurs veaux qu'elles allaitent, 43 veaux d'un an, 7 taureaux et 96 jeunes taureaux ou génisses; dans les quatre bergeries, 467 brebis avec leurs petits, 472 agneaux d'un an et 210 moutons; dans les quatre étables à chèvres, 123 mères avec leurs petits, et 64 chevreaux d'un an; dans les quatre étables à boucs, 31 boucs; dans les quatre étables à porcs, 540 grands porcs, 320 petits et 5 verrats. On peut, à l'aide de ces nombres, se former une idée de la quantité de bétail nourrie dans les étables des terres royales de notre Capitulaire.

Abordons maintenant les difficultés du texte, dont l'incorrection est d'ailleurs évidente. D'abord il faut suppléer *ad* après *vaccas*, dans la seconde phrase, et l'on doit lire, dans la troisième, *vaccaritiæ vel carrucæ* au nominatif, au lieu de l'accusatif *vaccaritias vel carrucas*. Ces changements, purement de forme, demandés par tous les commentateurs, ne me paraissent pas pouvoir être contestés. Il y en a encore un autre qui n'a été indiqué par personne, et qui n'est pas moins nécessaire; mais comme il est beaucoup plus important, attendu qu'il doit donner la clef de tout le passage, je vais, avant de le proposer, faire connaître comment l'article a été interprété jusqu'à présent.

La première phrase est si claire, qu'elle ne peut donner matière à aucune observation. La seconde, quoique le sens en soit peut-être un peu vague dans Anton, ne présente pas non plus de difficulté sérieuse; je ne m'y arrêterai pas davantage. La troisième est traduite en allemand de cette manière : *Und dasz sie* [c'est-à-dire

1. D'accord avec Tresenreuter et Anton, le dernier éditeur met en note : *Claudos, i. e. nec claudos nec languidos*. Mais la négation ne peut être admise, comme on va voir.

2. *Carrugas*, 1re leçon.

unsre Beamte] nicht, wenn sie zur Iagd Dienste gestellen, lahme oder kranke Ochsen, schabige Kühe oder Pferde oder ander krankes Vieh haben, damit sie nicht dadurch, wie schon gesagt, unsern Kühstamm und Pflüge vermindern. C'est-à-dire : « Que nos officiers, quand ils règlent le service pour la chasse (*quando servierint ad canes dandum*), n'aient pas de bœufs boiteux ou malades, ni de vaches ou de chevaux galeux, ni d'autres animaux atteints de quelque maladie, afin qu'ils n'affaiblissent pas par là, comme il a été dit, nos vacheries et nos charrues. » C'est ainsi que le savant Anton a interprété ce passage, dont peut-être personne, avant lui, ne s'était hasardé à donner une explication. Il suppose donc qu'il s'agit ici de la chasse, l'idée en étant alors exprimée par les mots *ad canes dandum*. C'est une supposition toute gratuite, qu'il n'a pris la peine d'appuyer d'aucun témoignage, et qu'il me paraît impossible de justifier. Je ne ferai pas plus, pour la combattre, que l'auteur n'a fait pour la défendre, et je crois qu'il est permis de la rejeter sans autre discussion, non-seulement parce qu'elle n'a rien de plausible en soi, mais, en outre, parce qu'il en résulte un sens qui n'a rien de satisfaisant. Car je demande ce que les bœufs, les vaches et les *alia pecora* du texte peuvent avoir à faire à la chasse. Enfin, on observera que le traducteur, en cela prévenu par Tresenreuter, qui paraît avoir fait autorité, prétend que la négation *non* doit être suppléée devant *cloppos*, afin que les bœufs écloppés soient exclus du service des chasses, comme les bœufs malades.

Mais nous n'avons pas besoin de faire cette addition, ni de détourner les mots *ad canes dandum* de leur acception ordinaire, pour obtenir un sens plus acceptable que le précédent, et même, si je ne m'abuse, le véritable sens. A la vérité, nous aussi nous sommes forcé de toucher au texte ; mais il nous suffit d'ajouter à un mot une seule lettre, dont l'omission nous paraît évidente. Bref, nous lisons *carnes* au lieu de *canes*, et nous traduisons : « Nos intendants doivent, quand ils sont de service pour la fourniture des viandes, avoir en réserve des bœufs boiteux, mais sains, et des vaches et des chevaux non galeux, ou d'autres bestiaux non malades ; et ils ne dégarniront pas pour cela, comme nous l'avons dit, les vacheries ou les charrues. » Ce passage, ainsi interprété, se lie parfaitement à ce qui précède, et le sens de tout l'article est à la fois simple et clair. On voit que l'addition de *non*, loin d'être indispensable, ne ferait que gâter le texte; car si le roi ne destine à la boucherie que les bœufs éclop-pés, mais sains d'ailleurs, la raison en est évidente : c'est qu'il veut ménager le service des charrues.

J'ajoute, en terminant ce long commentaire, que l'usage de la viande de cheval paraît avoir été commun chez les Francs [1], et qu'ainsi, on ne doit pas être étonné de le trouver admis dans les terres du roi, sinon pour sa table, au moins pour la nourriture de ses serviteurs.

24. *Quicquid ad discum nostrum dare debet, unusquisque judex in sua habeat* [2] *plebio, qualiter bona et optima atque bene studiose et nitide omnia sint conposita, quicquid dederint. Et unusquisque II habeat de annona pastos* [3] *per singulos dies ad suum servitium, ad mensam nostram quando servierit. Et reliqua dispensa similiter in omnibus bona sit, tam farina, quam et peculium.*

Le sens général de l'article n'est pas douteux, malgré la présence de deux mots dont la signification semble un peu incertaine. Le premier, *plebio,* qui serait du genre féminin, si le pronom *sua*, qui le précède, n'était pas une faute de copiste, reparaît au § 42, où nous le trouvons écrit *plebeio.*

D'après Tresenreuter, il serait là pour *facultate*, *penu* ou *districtu.* Anton traduit, *in seinem Beschlusse*, c'est-à-dire *in sua potestate,* suivant M. Pertz, qui propose aussi *vico*, en renvoyant à Muratori [4]. Excepté *vico* et *penu*, qu'il me paraît difficile d'admettre, les autres interprétations se ressemblent, et peuvent à la rigueur convenir également. Du Cange explique d'abord *plebeium* par *facultas, posse, pouvoir;* mais il ne cite pas d'autre texte, pour appuyer son explication, que celui même de notre article. Passant ensuite à d'autres sens, il entend *plebeium* et les mots voisins, tels que *plebanatus*, *plebania*, *plebatus*, *plebegium*, *pleberium* et *plebes*, d'une paroisse, d'une église paroissiale, d'un territoire, d'une place ou d'un lieu en général, et rapporte divers exemples dans lesquels ces termes se présentent effectivement avec les acceptions qu'il leur attribue. Mais je ne vois pas

1. In primis de volatilibus, id est, graculis et corniculis atque ciconiis, quæ omnino cavendæ sunt ab esu christianorum. Etiam et fibri et lepores et equi silvatici multo amplius vitandi. (*Zachariæ papæ Epistola ad Bonifacium,* dans les lettres de Boniface, n. 142; *Bibl. Patr.*, t. XVI, p. 115, col. 2; Paris, 1644.)

2. *Habet c.* habeat *cod.* (Pertz.)

3. *Convivia duo*, Pertz.

4. Mur., *SS.*, VI, 327.

qu'aucune d'elles puisse s'appliquer au passage qui nous occupe ; et j'en suis réduit à chercher, dans ce passage même, la signification du mot *plebium*. Or, en l'examinant avec attention, il me semble qu'il impose une obligation bien plutôt qu'il ne confère un pouvoir. En effet, le roi charge ses intendants de la fourniture de sa table (*discus*, en allemand *Tisch*), et veut que tout soit d'excellente qualité. Ce n'est donc pas un droit, une faculté, des attributions qu'il leur donne ; c'est un devoir qu'il leur prescrit. D'où il résulte que *plebium* ne doit pas se traduire par *facultas*, *potestas*, comme le veulent les commentateurs, mais par *munus*, *officium*, *partes*, *provincia*. Il exprimerait même en soi l'idée d'obligation et de responsabilité, s'il était possible de lui assigner la même origine qu'à *plegiare*, *plevire*, *plegium*, qui répondent aux mots latins *fidejubere* et *fidejussio*. L'explication que je propose s'appliquerait également bien au *plebeium* du § 42.

L'autre terme qui présente aussi quelque obscurité est *pastos* de la seconde phrase. Tresenreuter l'entend des vivres que l'intendant doit recevoir lorsqu'il est de service. D'après Anton, *pastus de annona* signifierait *Brœdtung*, *Lebensmittel von Getreide*, c'est-à-dire nourriture de pain, vivres consistant en céréales. De plus, ces deux savants, suivant le texte des anciennes éditions, lisent *unusquisque judex*, au lieu de la leçon *unusquisque II* (*duos*), donnée par MM. Bruns et Pertz, et qui me paraît préférable, d'abord parce que la répétition de *judex*, qui est dans la phrase précédente, serait superflue ; ensuite, parce qu'il est difficile de croire qu'on se soit servi de deux *i* ou d'un *u* pour exprimer en abrégé ce substantif. Kinderling (à la suite de Bruns, page 369) propose de lire *pullos ;* mais il y a trop d'arbitraire dans le choix de cette leçon, pour que je doive la discuter. Au reste, cette différence de lecture ne peut influer en rien sur la signification de *pastus*. D'après l'interprétation et les passages qu'on lit dans Du Cange, le mot *pastus* ne peut signifier que repas, vivres ou nourriture ; c'est surtout pour signifier un repas qu'il est employé communément, et c'est aussi, je crois, le sens que nous devons lui conserver. Je ne traduirai donc pas, avec Anton : « Que chaque officier ait sa nourriture ou ses vivres en blé, etc. ; » mais je traduirai : » Que chacun de nos intendants ait à sa disposition du blé pour deux repas par jour, lorsqu'il sera chargé du service de notre table. » Puis, revenant à la pensée exprimée dans la première phrase, Charlemagne ajoute : « De même, que nos autres provisions soient également toutes de bonne qualité, tant la farine que les viandes. »

Le singulier féminin *dispensa*, que j'ai rendu par *provisions*, devrait se traduire, d'après Anton, par *Aufwand*, dépense. Mais je crois qu'une pareille interprétation rendrait le passage peu intelligible. Et, d'ailleurs, un capitulaire de l'an 817, qui contient un règlement sur les vivres à fournir aux envoyés de l'empereur, fixe le sens de *dispensa*, en comprenant sous ce nom le pain, la boisson, la viande, la volaille, les œufs et même le grain pour les chevaux. L'article mérite d'être rapporté.

De dispensa missorum dominicorum.

De dispensa missorum nostrorum, qualiter unicuique, juxta suam qualitatem, dandum vel accipiendum sit, videlicet : episcopo panes quadraginta, friskingas tres, de potu modii tres, porcellus unus, pulli tres, ova quindecim, annona ad caballos modii quatuor. Abbati, comiti atque ministeriali nostro, unicuique dentur cottidie panes triginta, friskingas duas, de potu modii duo, porcellum unum, pulli tres, ova quindecim, annona ad caballos modii tres. Vassallo nostro panes decem et septem, friskinga una, porcellus unus, de potu modius unus, pulli duo, ova decem, annona ad caballos modii duo [1].

La signification que je donne ici à *dispensa* me paraît donc la seule vraie. C'est encore celle du mot *expensa* que nous lirons à l'article 64. Quant au mot *spensa* du même article, il signifie *dépense*, pris dans le sens de consommation.

Enfin, je ferai observer que la dernière disposition de l'article 24 est à peu près, en ce qui concerne le *peculium*, la répétition de ce qui est prescrit, à l'égard des *pecora*, dans l'avant-dernière phrase de l'art. 23. On pourrait toutefois faire cette distinction, savoir, qu'il s'agit, à l'article 23, du bétail mis en réserve pour être envoyé un jour à la boucherie ; et, à l'article 24, des animaux ou des viandes qui doivent servir immédiatement à la consommation.

1. *Capitula Missorum*, c. 29, dans Bal., I, 619 ; Pertz, p. 218. Voy. aussi le 2e capitul. de Pavie, de 855, c. 16 ; dans Pertz, p. 432 ; Bal., p. 356. C'est dans Marculf (I, 11) qu'on trouve le plus de détails sur les vivres à fournir aux envoyés du roi ; mais le mot *dispensa* n'est pas dans son texte. Il est remplacé par *stipendia*, dans une charte de Louis le Débonnaire (n. 38, Carpentier, *Alphab. tironian.*, p. 67 ; Bouquet, VI, 652 c).

25. *De pastione autem kal. septemb. indicare faciant, si fuerit an non*[1].

La paisson est l'action de faire paître par les porcs, dans les forêts, le gland, la faîne et les autres fruits à enveloppe coriace, *glandes*, tombés naturellement des arbres. Les hommes d'une terre jouissaient du droit de paisson dans les bois qu'elle renfermait, en payant au maître une certaine redevance. Mais lorsque les fruits manquaient, la redevance, d'après l'édit de Clotaire II, n'était pas payée : *Et quandoquidem pastio non fuerit, unde porci debeant saginari, cellarinsis in publico non exigatur*[2]. L'annonce de la paisson, comme il est dit dans notre article, devait se faire le 1er septembre; et l'ouverture avait lieu au mois d'octobre suivant, d'après le témoignage du diacre Wandalbert[3].

26. *Majores vero amplius in ministerio non habeant, nisi quantum in una die circumire aut previdere potuerint.*

J'ai déjà eu l'occasion, à l'article 10, de parler de cette disposition, dont les motifs n'ont pas besoin d'être expliqués.

27. *Casæ nostræ indesinenter foca et wactas habeant, ita ut salvæ sint. Et quando missi vel legatio ad palatium veniunt vel redeunt, nullo modo in curtes dominicas mansionaticas prendant, nisi specialiter jussio nostra aut reginæ fuerit. Et comes de suo ministerio, vel homines illi qui antiquitus consueti fuerunt missos aut legationes soniare, ita et modo inantea; et de parveridis, et omnia eis necessaria, solito*[4] *more soniare faciant, qualiter bene et honorifice ad palatium venire, vel redire possint.*

Casa s'entend de toute espèce d'habitation, de celle d'un homme libre comme de celle d'un serf.

Foca est employé dans le sens d'*ignes*, comme dans la loi des Allemands : *Si quis super aliquem focum in nocte miserit, ut domum ejus incendat*[5].

Wactas est expliqué par un décret de Clotaire, dans lequel

1. Sive sit pastio, sive non sit. (*Stat. Corb.*, II, 10, dans *Irm.*, t. II, p. 327.)
2. *Edict. Clothar. II*, *a.* 614, c. 23; dans Pertz, p. 15.
3. Hoc et mense [octobri] sues lucis inducere tempus,
Maturo hibernam frangant ut tempore glandes.
(*Carm. de Mensib.*, dans d'Achery, *Spicil.*, II, 60.)
4. *Soloto*, 1re leçon.
5. *L. Alam. Carolina*, LXXXI; dans Bal., I, 79. Voy. aussi *L. Langob. Rothar.*, 147 et 148, dans Canc., I, 72 et 73.

nous lisons : *Ut qui ad vigilias, hoc est, ad wactas*, etc.[1]. Le mot *wactas*, en allemand *Wache*, en français *guet*, signifie aussi bien le service fait par les hommes libres pour la défense des villes et des frontières contre les ennemis du dehors, que le service imposé aux serfs comme aux hommes libres pour la garde des maisons et des autres propriétés contre les malfaiteurs. C'est de ce dernier service qu'il s'agit ici et au § 16, de même que dans les polyptyques, et particulièrement dans le Polyptyque d'Irminon, auquel je renvoie pour les détails relatifs à cet objet.

Le roi défend à ses envoyés, et aux personnages chargés d'une mission auprès de lui, de loger et de prendre des vivres dans les maisons royales, sans son ordre ou celui de la reine. Les logements avec la table, appelés *mansionatici* à l'article 11, sont désignés ici sous le nom de *mansionaticas;* mais c'est une faute; car ce substantif est toujours du masculin, excepté dans un petit nombre de documents où il prend le genre neutre. Les envoyés publics étaient logés et défrayés par les comtes ou par les gens auxquels l'obligation de les recevoir était imposée; les autres habitants, d'après un capitulaire de l'empereur Louis II, leur devaient seulement, aux lieux de passage, le couvert, le feu, l'eau et la paille : *Neque indigenæ per solita loca tectum, focum, aquam et paleam hospitibus denegare, aut sua carius quam vicinis audeant vendere*[2]. Une formule ancienne contient une disposition du même genre[3]. Les capitulaires, les formules, les chartes, font connaître les diverses espèces de fournitures à faire aux envoyés publics[4], dont l'itinéraire et les gîtes furent aussi réglés par Charlemagne et par son successeur. *In illis vero locis*, dit Louis le Débonnaire, *ubi modo via et mansionatici a genitore nostro et a nobis per capitulare ordinati sunt*, etc.[5].

Les *parveridi*, plus correctement *paraveredi*, sont les chevaux de conduite dont j'ai parlé au long dans le Polyptyque de Saint-Germain[6].

1. Pertz, p. 11.

2. *Conventus II Ticin., a.* 855, *leges*, c. 5, dans Pertz, p. 433; c. 4, dans Bal., II, 358. Au lieu de *sua*, on lit, dans Baluze, *aquam;* ce qui est une faute grossière.

3. Mansionem ei et focum, panem et aquam largire dignemini. (*Marc. App.*, 10; Bal., II, 442.)

4. Les documents principaux sont indiqués à la note de la page 38. On peut y ajouter un diplôme de Chilpéric, dans Bal., II, 893; Bouq. IV, 694; Pardess., p. 309.

5. *Capitul., a.* 825., c. 17; Bal., I, 638, c. 19, Pertz, II, 245.

6. Tom. I, § 424 et suiv.

Soniare est un mot barbare qui veut dire *curare*, et d'où est venu notre verbe *soigner*.

28. *Volumus ut per annos singulos, intra quadragesima, dominica in palmis, quæ Osanna dicitur, juxta ordinationem nostram, argentum de nostro laboratu, postquam cognoverimus de præsenti anno quantum sit nostra laboratio, deferre*[1] *studeant.*

Quelques termes d'une signification assez vague, comme *laboratus*, *laboratio*, *deferre*, jettent un peu d'obscurité sur cet article, dont la rédaction paraît en outre embarrassée. Ici *laboratus*, de même que *conlaboratus* du § 6, désigne, je crois, toute espèce de produits naturels ou industriels ; et *laboratio*, qui suit, ne me semble pas susceptible d'une autre signification ; à moins qu'on n'entende par *laboratus* le résultat de la *laboratio*, comme l'*actus* est celui de l'*actio*. Mais cette distinction un peu subtile ne pourrait apporter aucun changement à la traduction.

Le verbe *deferre*, qu'Anton a rendu par *einsenden*, envoyer, signifie plutôt ici *déposer*, *verser*. Quant au mot *argentum*, il est mis pour *denarii*, de même que dans la loi des Ripuaires[2], et dans une foule de passages du Polyptyque de Saint-Germain[3]. Lorsque Tresenreuter soupçonne que l'expression *argentum de nostro laboratu* pourrait désigner de l'argent provenant de l'exploitation des mines, il se livre à une conjecture à laquelle il est impossible de s'arrêter. D'abord, le texte est bien loin d'être aussi explicite ; ensuite, comment concevoir qu'une disposition particulière, qui devrait s'adresser à des officiers spéciaux, et qui s'appliquait nécessairement à fort peu de terres royales, ait été insérée dans un règlement général, rédigé pour tous les intendants et pour tous les domaines du roi ?

En résumé, le roi, par cet article, rappelle à ses officiers que, d'après son ordonnance antérieure, ils doivent, tous les ans, le dimanche des Rameaux, faire le versement de l'argent provenant de tous les produits de ses terres, après qu'il aura reconnu et arrêté lui-même les comptes de l'année. On pourrait aussi, au lieu de supposer une ordonnauce antérieure, entendre par *juxta ordinationem nostram* une ordonnance rendue pour le cas actuel ; et alors les officiers auraient eu à faire leurs versements sui-

1. *Deferendum*, Ire leçon.
2. XXXVI, 2.
3. *Irm.*, I, 42 ; II, 3 ; III, 2, etc.

vant un ordre du roi, qui fixerait la somme et le lieu. Ce dernier sens est peut-être un peu moins apparent que le premier ; mais il me paraît plus logique ; il a de plus l'avantage de donner une valeur précise au verbe *deferre*.

29. *De clamatoribus ex hominibus nostris unusquisque judex prævideat, ut non sit eis necesse venire ad nos proclamare, et dies quos servire debet, per neglegentiam non dimittat perdere. Et si habuerit servus noster forinsecus justitias ad querendum*[1], *magister ejus cum omni intentione decertet pro ejus justitia. Et si aliquo loco minime eam accipere valuerit*[2], *tamen ipso servo nostro pro hoc fatigare non permittat, sed magister ejus per semetipsum aut suum missum hoc nobis notum facere studeat.*

Cet article a pour objet, d'abord, d'empêcher les hommes du roi de négliger leurs services pour venir sans nécessité porter leurs causes au tribunal du palais ; ensuite, d'aider les serfs royaux dans la poursuite de leur droit, pour épargner leur temps et leur éviter des déplacements inutiles.

Le mot *clamator* signifie un plaideur en général, soit à titre de demandeur, soit à titre de défendeur. Charlemagne, importuné par le bruit des plaideurs qui affluaient à sa cour, et craignant qu'ils ne parvinssent à surprendre sa justice par des mensonges, prescrivit à ses commissaires et aux comtes d'envoyer après eux des agents pour contrôler leurs témoignages[3].

L'expression *homines nostri* est synonyme de *familia nostra*, et signifie, comme au § 11, tant les hommes libres que les serfs qui vivaient dans la dépendance particulière du roi.

Au lieu du singulier *debet*, de la même phrase, qui est une faute évidente, corrigée dans toutes les anciennes éditions, et reconnue par le dernier traducteur, on doit nécessairement lire *debent ;* car ce verbe a pour sujet le pluriel *homines*, qui précède. Dans la seconde phrase, le mot *justitias* doit s'entendre, non-

1. Corr. *Adquirendum* cod. (Pertz.)

2. *Valuerint*, 1re leçon.

3. De clamatoribus qui magnum impedimentum faciunt in palatio ad aures domini imperatoris, ut missi sive comites illorum missos transmittant contra illos qui mentiendo vadunt, ut eos convincant. (*Capitul.*, *I*, *a.* 810, c. 1 ; Bal., I, 473 ; Pertz, p. 162.) Le 2e capitulaire de l'année 805, c. 8, contient une disposition relative aux plaideurs, qui, ne voulant ni acquiescer au jugement des échevins, ni l'arguer de faux, *qui nec juditium scabinorum adquiescere nec blasfemare volunt*, faisaient appel au tribunal du palais. (Bal., I, 425 ; Pertz, p. 133.) Voy. aussi le canon 11 du concile d'Antioche, de 341, dans Baluze, I, 217, et dans Pertz, p. 56.

seulement de la justice, mais encore de toute espèce de droit qu'un serf peut avoir à poursuivre. Ce terme, employé surtout au pluriel, répond, en grande partie, je crois, à celui de *justa*, dont Columelle se sert fréquemment en parlant des droits des esclaves [1]. Nous trouvons plus loin (§§ 52 et 56) *justitiam* avec le sens de *droit, justice,* comme au § 4. Nous n'avons pas d'ailleurs à nous étonner de voir les serfs du roi exercer eux-mêmes des poursuites pour leur propre compte devant les tribunaux ou ailleurs; car c'était un privilége dont ils jouissaient généralement. *Servi autem regis vel ecclesiarum*, dit la loi des Ripuaires, *non per actores, sed ipsi pro semetipsis in judicio respondeant et sacramenta absque tangano conjurent* [2].

Mais quelle était la condition du *magister* mentionné dans les deux dernières phrases? Faut-il le classer parmi les hommes libres ou parmi les serfs? C'est un point qui n'a pas été éclairci, et sur lequel personne, que je sache, ne s'est prononcé, à l'exception de Tresenreuter. D'après lui, les serfs formaient plusieurs divisions, ayant chacune à leur tête les plus habiles pour diriger les autres, et même aussi pour servir à chacun d'eux, en particulier, de conseils et de défenseurs. Prenant ensuite ses preuves dans l'antiquité, il cite, à l'appui de son opinion, les deux passages suivants : *Sic enim et magistri singulorum officiorum* [i. e. *servilium*], dit Columelle, *sedulo munia sua exequentur*, etc.; et plus loin : *Tantoque curiosior inquisitio patrisfamilias debet esse pro tali genere servorum, ne aut in vestiariis aut in cæteris præbitis injuriose tractentur, quanto et pluribus subjecti, ut villicis, ut operum magistris, ut ergastulariis, magis obnoxii perpetiendis injuriis, et rursus sævitia atque avaritia læsi magis timendi sunt* [3]. Il pouvait citer encore ce passage du même auteur : *Magistros operibus oportet præponere sedulos ac frugalissimos* [4]. Varron parle aussi des qualités que doivent avoir les esclaves ruraux qui commandent aux autres [5]. Il n'y a donc pas de doute que les esclaves, chez les Romains, ne fussent divisés par troupes ou escouades pour les travaux des champs, et que les chefs de ces escouades, choisis parmi les esclaves eux-

1. Voy. à la table de Scheider, *SS. R. R.*, pour le mot *justa.*
2. *L. Rip.*, LVIII, 20.
3. Col., *de R. R.*, I, 8, 11, et I, 8, 17. Voy. aussi XI, 1, 27.
4. I, 9, 1.
5. *De R. R.*, I, 17, 4 et 5.

mêmes, ne fussent appelés *magistri*. Mais est-il bien sûr que, dans le moyen âge, les *magistri servorum* aient continué d'être toujours des serfs? Tresenreuter l'a supposé, et Anton, qui se borne à les assimiler aux *massarii*, c'est-à-dire aux tenanciers ou fermiers, n'a rien éclairci, ou plutôt on peut dire qu'il s'est trompé; car cette assimilation n'a pas de fondement, comme il résultera de ce qui suit.

Pour déterminer la condition de cette espèce d'officiers, il faut nécessairement recourir aux documents. Or, dans notre capitulaire, § 57, il est parlé des serfs qui auraient quelque chose à communiquer au roi au sujet de leur maître : *Si aliquis ex servis nostris super magistrum suum nobis de causa nostra aliquid vellet dicere;* et, plus loin, il est fait mention des aides ou agents de ce maître, *juniores illius*. Ce qui donne à entendre que ce *magister*, qui pouvait être dénoncé directement au roi par les serfs, et, comme nous le verrons au même § 57, cité par ses *juniores* au tribunal du palais, devait être un officier de quelque importance. Ensuite, au § 61, nous lirons que les intendants, lorsqu'ils amenaient leurs *brais* ou leur *malt* au palais, avaient ordre de se faire suivre de maîtres capables de fabriquer une bonne qualité de bière : *Et simul veniant magistri, qui cervisiam bonam ibidem facere debeant*. Ces *magistri* sont évidemment des brasseurs, ou des maîtres brasseurs, s'ils commandent à des ouvriers de leur profession. Or, les fabricants de bière sont placés, au § 45, parmi les artisans, généralement de condition servile, entretenus par les *judices* dans leurs districts. De plus, nous voyons que la bière était fabriquée, dans le monastère de Corbie, par des brasseurs appartenant à la maison, *bratsatores dominici* [1], et, dans les terres de Saint-Germain, par les tenanciers de cette abbaye, tous colons, lides ou serfs [2]. Il se pourrait donc que ces *magistri*, ouvriers ou maîtres, de l'article 61, ne fussent pas des hommes libres.

Je passe à d'autres textes. D'après un capitulaire de l'année 817, les serfs, *servi*, des églises, des comtes et des vassaux de l'empereur, qui refusaient les deniers de bon aloi, devaient recevoir cinquante coups de verge pour châtiment; et leur maître ou leur avoué, de condition libre, s'ils ne les représentaient pas

1. *Stat. Corb.*, II, 15, dans *Irm.*, t. II, p. 334.
2. *Irm.*, XIII, 106; t. II, p. 149.

au comte ou au commissaire impérial, quand ils en étaient requis, encouraient le ban ou l'amende de soixante sous : *Si magister eorum vel advocatus, qui liber est, eos vel comiti vel misso nostro jussus præsentare noluerit*, etc.[1]. Une disposition du même genre, reproduite dans l'édit de Pitres, de 864, contient les termes suivants : *Si dominus vel magister quilibet aut advocatus talium hominum*[2]. Telle est la leçon adoptée par M. Pertz. Baluze[3] a préféré à *quilibet* la variante *qui liber est*, que donne un des meilleurs manuscrits, d'accord en ce point avec le texte du capitulaire de 817, que nous venons de citer. Ici, nous ne devons pas hésiter à considérer le *maître* comme un homme libre, lors même que l'expression *qui liber est* du capitulaire de 817 ne se rapporterait pas à *magister* comme à *advocatus*, et qu'elle devrait être remplacée par *quilibet* dans l'édit de Pitres. C'est qu'en effet, s'il s'agissait d'un serf, il serait puni non d'une amende, mais de la flagellation. Toutefois, la locution *magister qui liber est* semblerait impliquer la possibilité de celle-ci, *magister qui liber non est;* alors il en résulterait que le *magister servorum* était tantôt un homme libre et tantôt un serf.

Dans ce même édit de Pitres, lorsque Charles le Chauve, afin d'empêcher ses colons et ceux des églises de démembrer leurs manses, en vendant les terres pour ne garder que l'habitation, *sella*, leur défend de rien vendre de leurs tenures sans l'autorisation de leurs seigneurs ou de leurs maîtres, *sine licentia dominorum vel magistrorum*[4]; il désigne nécessairement par ces *magistri*, associés aux *domini*, des hommes libres chargés de veiller à la conservation des propriétés. A la vérité, comme il n'est fait mention ici que de *magistri* de colons, on pourrait objecter que les maîtres des serfs ne sont pas intéressés à cette défense, et qu'ils étaient d'une autre condition que les maîtres des colons. Mais une pareille objection serait assez mal fondée, attendu qu'il est prouvé que les colons, sous les Francs, étaient déchus de leur ancienne liberté, et rangés avec les serfs dans la classe des *mancipia*[5]; que, par conséquent, les maîtres des uns

1. *Capitul.*, *a.* 817, c. 18; dans Pertz, I, 213. Baluze a placé ce document sous la date de 819, t. I, col. 604.

2. *Edict. Pist.*, c. 15; dans Pertz, I, 491.

3. II, 180.

4. C. 30, dans Pertz, I, 496; Bal., II, 189.

5. Voy. *Irm.*, proleg., t. I, § 116 et suiv.

n'étant pas libres, les maîtres des autres ne l'étaient pas davantage, outre qu'il est très-vraisemblable que, dans l'édit de Pitres, les *servi* sont compris sous la dénomination de *coloni*. Il est fait mention, dans les anciens statuts de Corbie, du maître des troupeaux de ce monastère, *magister gregum*. Il avait sous ses ordres dix troupeaux de moutons qui devaient la dîme, pour servir aux dépenses de la porte, c'est-à-dire à la réception des hôtes. Le portier de l'abbaye réglait, de concert avec lui, la manière dont la dîme devait être acquittée [1]. Or, comme le portier était moine, il est vraisemblable que le maître des troupeaux, dont l'autorité en cette partie balançait la sienne, était moine aussi, et par conséquent de condition libre.

Après avoir rapporté les principaux textes qui touchent à la question, il me reste à conclure. Or il me semble difficile de ne pas admettre en général deux espèces de *magistri servorum*, les uns libres, les autres serfs. Ceux-là résultent évidemment du capitulaire de l'année 817 et des chapitres 15 et 30 de l'édit de Pitres; et l'existence de ceux-ci est rendue très-probable par le § 61 du capitulaire *de Villis*, et par l'expression conditionnelle *qui liber est* du capitulaire de 817 et du manuscrit dont s'est servi Baluze pour établir le texte de l'édit de Pitres, laquelle expression annonce un cas éventuel et non un état permanent.

Quant aux maîtres des serfs mentionnés aux articles 29 et 57 de notre capitulaire, comme ils étaient inférieurs et même subordonnés aux intendants, *judices*, ainsi qu'il résulte de la lecture de ces articles, je serais porté à les compter au nombre des *juniores* ou adjoints dont il est question à l'article 16, et que nous retrouverons encore aux articles 58 et 63. On a vu que c'étaient des officiers généralement de condition plus ou moins servile, investis des emplois de maire, doyen, cellérier et autres, tous d'ordre privé. Alors ces officiers auraient été, d'une part, des *magistri* par rapport aux serfs placés sous leur direction, et, d'autre part, des *juniores* par rapport aux *judices* ou intendants. Enfin, ces *magistri* avaient eux-mêmes des *juniores*, comme le prouve l'article 57, si les *juniores* qui y sont mentionnés sont ceux du *magister*. Cela est d'ailleurs attesté par d'autres documents, dans lesquels nous trouvons les expressions *decanus ju-*

1. *Stat. Corb.*, II, 10, dans *Irm.*, t. II, p. 328 et 329.

nior, *cellerarius junior*, etc. [1]. Ainsi, en résumé, nous distinguons trois espèces d'officiers : 1° les intendants, *judices;* 2° leurs adjoints ou aides, *juniores*, parmi lesquels étaient les *magistri* (non les *domini*) *servorum;* 3° les *juniores* de ces *magistri*.

D'après l'article que nous examinons, le *magister* des serfs devait veiller à leurs intérêts. C'était peut-être, sous un autre nom, dans l'ordre civil, le même officier que l'*advocatus* dans l'ordre ecclésiastique; avec cette différence que les avoués paraissent dès l'origine, ou au moins de très-bonne heure, avoir été des hommes libres et avoir souvent joué un rôle important. Ce n'est pas qu'on ne puisse citer aussi des *magistri* parmi les grands personnages, tels que le *magister* des *cubicularii*, celui des *ostiarii*, celui des *pincernæ*, etc., qui figurent dans les documents de la seconde race; mais comme ils n'ont que bien peu de rapport avec les *magistri* des serfs, nous n'avons pas à nous en occuper.

Maintenant que je suis sorti du § 29, je passe au suivant.

30. *Volumus unde servire debent ad opus nostrum, ex omni conlaboratu eorum servitium segregare faciant; et unde carra in hostem carigare* [2] *debent, similiter segregent, tam per domos quam et per pastores, et sciant quantum ad hoc mittunt.*

Tresenreuter veut que cet article ait pour objet de distinguer les différentes espèces de services dus à l'empereur, surtout ceux qui se font avec les animaux, tels que le service des champs, le service domestique, celui du palais et le service de guerre; attendu que les chevaux, par exemple, ne sont pas tous propres à tous les services. Or, pour qu'une espèce ne soit pas mêlée avec une autre, on attribue à chacune sa place et son pasteur. C'est là, si l'on y joint une note peu importante sur le mot *carra*, toute l'explication de Tresenreuter.

Anton traduit à peu près de la manière suivante : « Qu'ils [sans doute les officiers] séparent, dans tout le travail des serfs, le service qu'ils font pour nous. De même lorsque les chars doivent être menés à la guerre, qu'ils en fassent la répartition par maisons et par conducteurs, et qu'ils sachent combien ils en

1. Voy. *Irm.*, IX, 58 et 210; t. II, p. 85 et 105; Append., V, 11, 5, p. 318 et 319; 7, p. 322. Voy. aussi Du Cange, au mot *Junior*.

2. *Caregare*, 1re leçon.

envoient. » A sa traduction, il ajoute cette note : « Comme le service était différent; que l'un faisait ceci et l'autre cela; que l'un avait beaucoup et l'autre peu de service à faire, l'empereur demande un état, dans lequel les services soient marqués séparément. » Voici, maintenant, comment je propose de traduire ce passage : « Nous voulons, dit le roi, que nos intendants mettent en réserve, de chaque espèce de produit, ce qui est nécessaire pour notre usage, pendant leur service; que, de même, ils fassent mettre en réserve ce qui doit être chargé sur les voitures pour l'armée, en le prenant tant dans les maisons que chez les pasteurs; et qu'ils sachent la quantité de ces réserves (mot à mot : combien ils mettent pour cela). » Le sens est, comme on le voit, tout différent; je tâcherai de le justifier, après avoir précisé les causes du dissentiment.

La difficulté principale consiste dans l'interprétation des mots *conlaboratu*, *servitium*, *segregare*, *unde* et *carrigari*.

Les auteurs dont il est question, après avoir rendu, au § 6, *conlaboratus* par *produits*, l'entendent maintenant du travail, *Arbeit*, dans Anton. Ensuite ils supposent que *servitium* signifie les différentes manières de servir, les différents services ou travaux, comme s'il y avait *opera* ou *operæ*, et, rapportant *eorum* à *servi* ou plutôt à *servus* du paragraphe précédent, car le pluriel n'y est pas, ils entendent les services des serfs. Puis ils donnent à *segregare* le sens de *distribuer, diviser ;* de sorte que *segregare servitium eorum*, c'est diviser les serfs d'après leurs genres de service. Enfin, Anton, le seul qui ait voulu expliquer la dernière partie de l'article, traduit, *unde carra in hostem carigare debent*, comme s'il y avait, *quando carra in hostem ducere debent*, en faisant *pastores* synonyme de *ductores*, *agitatores* (*Treibern*), et en conservant au verbe *mittunt* la signification qu'il a dans la bonne latinité. Je dois ajouter que l'ensemble de l'article, dans la version d'Anton, manque de précision et de clarté, même aux yeux de ses compatriotes, et qu'il aurait aussi besoin, je crois, d'un commentaire.

J'en viens maintenant à ma traduction. Ici comme précédemment, et comme au § 33 qui va suivre, j'entends par *conlaboratus* des *produits*. Le sens de ce terme, je l'ai déjà dit, est fixé par un grand nombre de passages, entre autres par les §§ 34 et 62, et par plusieurs passages du *Breviarium*, dans lesquels, sous le titre de *conlaboratus*, sont mentionnés des blés de toute espèce, des légumes, du sel, du miel, du beurre, du lard, des quartiers de porc, des fromages et des sommes d'argent [1], etc. Or, on ne connaît aucune autre signification pour *conlaboratus*, et celle que je combats est purement arbitraire; il me paraît donc impossible de l'admettre. Il en est de même au sujet de *servitium*, qui, dans notre capitulaire [2], signifie le service d'une personne à l'égard d'une autre, jamais les divers genres de servitude. Le verbe *segregare* ne voulant pas dire autre chose dans le moyen âge que dans l'antiquité, j'ai dû le traduire par *séparer*, *mettre à part* ou *en réserve*, et non par *distinguer* ou *répartir*; car Anton, après l'avoir traduit par *sondern*, le traduit ensuite par *eintheilen*. Quant au mot *unde*, on ne le trouve nulle part employé au lieu de *si*, *cum*, *quando* (*wenn*); mais il conserve dans notre article le sens qu'il a souvent dans les meilleurs auteurs, c'est-à-dire le sens du relatif *a quo*, *a quibus* [3]. De plus, je ferai observer que, dans la phrase, *unde carra in hostem carigare debent similiter segregent*, le régime direct du verbe *segregare* n'est pas *carra*, mais *unde carra*, c'est-à-dire *eas res quibus carra carigare debent* [*judices*]. Il est donc ordonné aux intendants de mettre à part les choses qu'ils doivent faire charger sur des voitures pour l'armée, et non de mettre à part ou de répartir, suivant Anton, les voitures mêmes. On voit que j'attribue à *carigare* la signification de *charger*; mais j'y suis autorisé par une foule de textes, dont Du Cange, qui toutefois en cite un nombre suffisant, n'a reproduit que la moindre partie. C'est même, je crois, l'acception la plus ancienne et la plus commune de ce verbe, qui, personne ne le nie, prend aussi celle de *charrier*. Au reste, je n'aurais pas une extrême répugnance pour cette dernière, si l'on pouvait l'admettre sans corriger le texte; d'autant que le sens de la phrase n'en serait modifié en aucune manière. Il est de même sans importance de traduire, à la fin de l'article, *mittere* par *mettre* ou par *envoyer*; et, si je préfère l'un à l'autre, c'est uniquement pour conserver à ce verbe la valeur qu'il a ordinairement dans notre capitulaire [4]. Les mots *tam per domos quam et per pastores* ne semblent pas

1. Pertz, I, 178-180, dans *Irm.*, II, 301-303.

2. Voy. §§ 3, 10, 23 et 24. Au § 7, *servitium* semble devoir s'entendre des personnes qui font le service.

3. Voy. les *index* de César, Cicéron, etc., au mot *unde*.

4. Voy. les §§ 2, 8, 10, 30, 36, 42, 58, 64. C'est seulement aux §§ 47 et 68, que *mittere* paraît avoir la signification d'*envoyer*.

pouvoir être entendus autrement que d'un partage fait, tant dans les maisons que chez les pasteurs. Mais de quelles maisons veut-on parler, et qu'est-ce que les pasteurs peuvent avoir à faire ici? Faut-il supposer que les produits, *conlaboratus*, étaient les uns fabriqués, les autres déposés dans les bâtiments de la cour, *curtis*, ou au dehors, dans les lieux assignés aux *pastores*, c'est-à-dire aux colons ou aux serfs préposés aux différentes espèces de troupeaux? J'avoue que cette explication ne satisfait pas l'esprit, et que le sens de la phrase eût été beaucoup mieux fixé, si, par exemple, à la place de *domos* et de *pastores*, il y avait eu dans le texte *cellaria*, *cameras*, *officinas*, *spicaria*, *stabula* ou autres termes équivalents. Et d'ailleurs cet emploi d'un nom de chose, *domos*, avec un nom de personne, *pastores*, les deux noms étant dépendants du même verbe et régis par la même préposition, paraît-il former une expression suffisamment régulière, suffisamment correcte? Devant *pastores* ne devrait-on pas plutôt lire quelque chose comme *dominos* ou *domesticos*, qui, d'ailleurs, ne sont pas possibles ici? Ou bien *domos* ne semblerait-il pas appeler après soi, au lieu de *pastores*, le mot *pasturas* ou un autre mot de cette espèce? Ce sont des objections auxquelles je ne suis pas en état de répondre, quoique, je le répète, je ne voie pas une autre manière de traduire ce passage. J'ajoute, en finissant, que mon interprétation générale de l'ensemble de l'article serait au besoin confirmée par les trois articles qui suivent immédiatement; attendu qu'ils se lient étroitement à celui qui précède, qu'ils sont le développement de la même pensée, et que Charlemagne, après avoir réglé la part de sa maison, soit lorsqu'il habite ses terres, soit lorsqu'il est en campagne avec son armée, s'occupe de celle de ses gens et de ses ouvriers, puis de la semence nécessaire pour la culture de ses champs, et finit par demander le compte des provisions qui seront de reste. C'est, en effet, ce que nous allons voir.

31. *Ut hoc quod ad provendarios vel genitias*[1] *dare debent, simili modo unoquoque anno separare faciant, et tempore oportuno pleniter donent, et nobis dicere sciant, qualiter inde faciunt, vel unde exit.*

Quoiqu'il ne présente pas de grandes difficultés dans sa première partie, cet article n'a pas été mieux compris que le précé-

1. I. e. *gynæcea*, Pertz.

dent. Mais les textes étaient mauvais et l'erreur inévitable. Au lieu de *provendarios vel genitias*, Tresenreuter avait sous les yeux la leçon d'Eckhart, *parveredarios vel gentias*. Bruns corrigea, *proveridarios vel genitias;* mais la correction n'était pas complète; et le mot *provendarios* ne fut lu que par le dernier éditeur, qui unit à ses autres qualités éminentes un talent vraiment merveilleux pour tout déchiffrer. Anton a traduit le *proveridarios* de Bruns par *Vorspann* (attelage), se laissant ainsi influencer par le *parveredarios* d'Eckhart, sans toutefois s'en tenir à la signification de ce dernier mot [1].

Charlemagne veut que ses intendants mettent de même en réserve tous les ans la part destinée aux prébendiers et aux gynécées; qu'ils la distribuent intégralement en temps opportun, et qu'ils sachent lui rendre compte de ce qu'ils en font et d'où ils la prennent.

Les *provendarii* sont les employés et ouvriers de tous genres qui reçoivent la *provenda,* dont il est parlé à l'article 50, c'est-à-dire les aliments et l'entretien [2]. *Genitia* (pour *gynæcea*) est, aux §§ 43 et 49, le nom donné aux logements ou ateliers des femmes occupées à des travaux de leur sexe dans les maisons royales. Dans notre article, au lieu de *genitias,* qui paraît être une faute de copiste, on doit probablement lire soit *genitia*, comme aux autres paragraphes du capitulaire, soit *genitiarias*, employé pour désigner les femmes des gynécées. Cette dernière leçon s'accorderait mieux avec *provendarios* qui précède. Ayant traité ailleurs des gynécées et des femmes qui les occupaient [3], je n'en dirai rien de plus ici.

Les mots *vel unde exit* de la fin sont un peu obscurs. Anton les traduit par *warum es mangelte*, c'est-à-dire *pourquoi cela a manqué;* ce qui me paraît tout juste assez clair pour qu'on puisse y reconnaître un contre-sens. Je crois qu'il n'est guère possible d'entendre ces mots autrement que je ne les ai rendus, et qu'on doit nécessairement les rapporter à *scire*, sans passer par l'intermédiaire de *qualiter;* de manière que cela signifie que les intendants doivent savoir d'où ils ont pris ce qu'ils ont distribué.

1. Il signifie les conducteurs des *paraveredi*, ou chevaux de renfort.

2. Il est question de ces *provendarii* dans le *Breviarium*, et surtout dans les statuts de Corbie. Voir la table du deuxième volume de l'*Irminon*, à ce mot. Ce sont les mêmes que les *præbendarii* du Polypt. de Saint-Bertin.

3. Voy. *Irm.*, prolég., §§ 336-338.

32. *Ut unusquisque judex prævideat, quomodo sementem bonum et optimum semper de conparatu*[1] *vel aliunde habeat.*

Tout ce que j'ai à dire sur cet article, c'est qu'Anton a entendu *sementem de conparatu* d'une semence récoltée, tandis qu'il s'agit évidemment de semence achetée, comme il résulte de la signification que les mots *comparatus* et *comparare* ont constamment dans les textes, et que ce dernier présente même au § 8 qui précède.

33. *Post ista omnia segregata et seminata atque peracta, quicquid reliquum fuerit exinde de*[2] *omni conlaboratu usque ad verbum nostrum salvetur, quatenus, secundum jussionem nostram, aut venundetur aut reservetur*[3].

Comme ce texte n'offre pas non plus de difficulté, et qu'il n'a nul besoin de commentaires, je passe à l'article suivant.

34. *Omnino prævidendum est cum omni diligentia, ut quicquid manibus laboraverint, aut fecerint, id est lardum, siccamen*[4], *sulcia*[5], *niusaltus*[6], *vinum, acetum, moratum*[7], *vinum coctum, garum*[8], *sinape, formaticum, butirum, bracios, cervisas, medum, mel, ceram, farinam, omnia cum summo nitore sint facta vel parata.*

Un certain nombre de mots appartiennent à la basse latinité, mais il n'y a pas d'incertitude pour leur signification. *Siccamen* est de la viande fumée; *sulcia*, de la viande salée; *niusaltus*, de la chair de porc, de chèvre ou de bouc (§ 66) nouvellement salée, c'est-à-dire, comme on l'appelle vulgairement, du *petit salé*, quand il s'agit de porc; *moratum*, de la boisson faite avec des mûres sauvages. La recette pour la fabriquer est donnée dans un ms. du IXe siècle, de la manière suivante : *Morato quomodo facias : Jus moræ campestris modia IIII, mel modium I. Commiscis, recondis in vas pigato ; et, si volueris, mittes cenamo, gariofile, costum et spicanardi tantum*[9]. Le même ms. contient,

1. *Comparata*, 1re leçon.
2. Ajouté, Pertz.
3. *Re* ajouté, Pertz.
4. Carnes fumo siccatæ. Pertz.
5. Germ. *Sülze*, aut salcitia, *Wurst. Id.*
6. Caro recens sale condita. Id.
7. Vinum moris confectum. Id.
8. Potionis genus fermentatum. Id.
9. Bibl. Imp., suppl. lat., 1319, fol. 229

pour la confection de la boisson appelée *garum*, une recette ainsi décrite : *Pisces mundos partes duos, sal partem unam, anetum partem unam ; et agitas eum bene de die in diem ; et de herbas quas ibidem mittere debes siccis, ad coquendum hæc sunt : anetum manipulos duos, menta manipulos quattuor ; nepita, sclareia, origano, satureia, ambrosia, serpullo, fenogreco, de unoquoque manipulos II ; et de herbas virides : cassia, salvia, savina, iva, ruta, abrotano, costo ortense radices, livestici radices, fenuculi radices, lauri folia, geniperi grana, de unoquoque fasciculos duos ; citonia sextarios II, poma similiter, nuces galicas similiter, panes asatos IIII, cipiro radices, pulvera sextarios II, ad unoquoque modio de pisces, musto dulce modios II, ad conjectandum postea III, et mel sextarios II ; et coquis usque ad medium, et tollis de foco, et mittis in saco, et clarare facias, et postea mittis in vaso bene picatum, ut nullum suspirium habeat* [1]. Une autre recette pour le *garum*, beaucoup plus courte et surtout beaucoup plus claire, est donnée dans le même volume, mais elle est tirée d'Isidore.

Formaticum est le nom du fromage et *bracii* celui du malt ; *cervisa* ou *cervisia* est la bière ou cervoise, fabriquée avec le malt. La *sicera*, qui n'est pas nommée, quoique les *siceratores* le soient au § 45, formait un genre comprenant toutes les boissons, à l'exception du vin, qui pouvaient causer l'ivresse, suivant la définition donnée par Isidore [2]. Le *medum*, autrement *meda*, et plus ordinairement *medo*, doit s'entendre de l'hydromel, *der Meth*, en allemand.

35. *Volumus ut de berbicibus crassis soccia* [3] *fiat, sicut et de porcis ; et insuper habeant boves saginatos in unaquæque villa non minus quam duos, aut ibidem ad sociandum* [4] *aut ad nos deducendum.*

« Nous voulons, dit le roi, qu'il soit fait de la graisse avec les brebis grasses, comme avec les porcs ; et, de plus, que nos intendants n'aient pas moins, dans chacune de nos terres, de deux bœufs gras, soit pour en faire de la graisse sur place, soit pour nous les envoyer. » Telle est l'interprétation que Ress a donnée

1. *Ibid.* On peut voir, sur le *garum*, Dioscoride, II, 34 ; Pline, XXXI, 7, 43 ; et Sprengel, *Hist. rei herbariæ*, t. II, p. 437.

2. *Orig.*, XX, 3.

3. *Socia*, 1re leçon. Adeps saginando parata, Germ. *Schmeer*. Pertz.

4. *Sociandum*, 1re leçon.

de cet article, et que Kinderling, Anton et Pertz ont adoptée. Tresenreuter, ne pouvant expliquer les mots *soccia*, graisse, et *socciare*, faire de la graisse, se demande : *sed quid boves saginatos ad saginandum habeat?* D'après l'explication de Ress, *saginare* est l'action d'engraisser un animal, et *socciare*, l'action de faire de la graisse avec un animal engraissé; c'est-à-dire, par exemple, de faire du suif avec une brebis grasse, avec un bœuf gras, et de faire de l'axonge ou du saindoux avec un porc gras.

36. *Ut silvæ vel forestes nostræ bene sint custoditæ; et ubi locus fuerit ad stirpandum, stirpare faciant, et campos de silva increscere non permittant; et ubi silvæ debent esse, non eas permittant nimis capulare atque damnare; et feramina nostra intra forestes bene custodiant; similiter acceptores et spervarios ad nostrum profectum prævideant; et censa nostra exinde diligenter exactent. Et judices, si eorum porcos ad saginandum in silvam nostram miserint, vel majores nostri, aut homines eorum, ipsi primi illam decimam donent ad exemplum bonum proferendum, qualiter in postmodum ceteri homines illorum decimam pleniter persolvent* [1].

Il n'y a que de courtes explications à donner sur cet article. *Forestes* répond ici à *saltus*, et signifie des terres sans culture, couvertes de halliers et de buissons. *Stirpare* est pour *exstirpare*, défricher. *Campos de silva increscere non permittant*, veut dire : « qu'ils ne laissent pas les champs croître en bois, » ou pour parler plus correctement : « qu'ils ne laissent pas croître de bois dans les champs, » comme s'il y avait : *silvam in campis crescere non permittant. Capulare* a le sens de *cædere*, couper; *damnare,* celui d'endommager; *feramina*, celui de *feræ venaticæ*, les bêtes sauvages qui sont l'objet de la chasse. *Acceptor* (autour) est employé pour *accipiter*, même dans l'antiquité [2]. *Sprevarius* est un épervier. Les cens, *censa*, dont il s'agit, sont ceux que l'on payait pour le droit d'usage, *lignaritia*, et pour le droit de paisson, *pastio*, et non, comme Anton l'a cru, une taxe mise sur les éperviers et les faucons. La dime, mentionnée dans la dernière phrase, répond à l'impôt appelé *scriptura* chez les Romains, et n'est pas autre chose que le droit même de paisson, qui

1. *Persolvant*, 1re leçon.
2. Lucilius, dans Charisius.

consistait dans le dixième de tous les porcs mis dans les bois royaux, et qui était payé au roi. Clotaire Ier, dans sa constitution publiée vers l'an 560, exempta de cette dîme les églises [1]. Elle n'était pas due, lorsque la paisson n'avait pas lieu, dans les années où le gland manquait, d'après l'édit de Clotaire II, de l'an 614 ou 615 [2]. Il est question, dans la loi des Visigoths, de la dîme des porcs payée aux propriétaires des bois où on les faisait paître [3].

Tresenreuter, qui cite plusieurs textes anciens relatifs aux *forestes* et aux *feramina* du roi, ne parle pas de la *decima* de notre article. Anton se borne à dire que ce mot signifie le dixième.

37. *Ut campos et culturas nostras bene conponant, et prata nostra ad tempus custodiant.*

Campos est pour *agros*. Tresenreuter, qui ne dit rien de *campos*, entend par *culturas* des champs cultivés, et Anton, des plantations, *Pflanzungen*. Dans le Polyptyque de Saint-Germain, les terres sont divisées en grandes pièces pour la culture, et le nom de *cultura* est donné à chacune de ces divisions [4]. C'est, je crois, dans le même sens que ce mot doit être pris ici. L'expression *bene conponant* doit sans doute se traduire par *qu'ils tiennent en bon état ;* et celle de *prata ad tempus custodiant*, signifie qu'ils doivent défendre, c'est-à-dire faire clore les prés en temps opportun. La clôture des prés est particulièrement ordonnée dans la loi des Bavarois [5], dans le Polyptyque de Saint-Germain [6], et dans d'autres documents. Néanmoins, le verbe *custodire* est employé dans le sens de garder ou d'entretenir, au § 41.

38. *Ut aucas pastas, et pullos pastos ad opus nostrum semper, quando servire debent aut ad nos transmittere, sufficienter habeant.*

Au lieu de *auca pasta* et de *pullus pastus*, ou plutôt *pulla pasta*, on disait aussi, en un seul mot, *aucipasta* [7] ou *aupasta* [8], et *pullipasta* [9], *pulpasta* [10], ou simplement *pasta* [11], pour désigner

1. C. 11, dans Bal., I, 8 ; Pertz, I, 3.
2. C. 23, dans Bal., I, 24 ; Pertz, I, 15.
3. VIII, 5, 1-4 ; Bouq. IV, 414 d, e, et 415 a, b. Voy. aussi Neugart, *Cod. dipl. Alemanniæ*, t. I, n. 179 et 596 ; et *Sæcul. Bened.* VI, part. I, p. 351.
4. Voy. la table du 2e vol., au mot *Cultura*.
5. I, 14, 2.
6. XI, 2, pag. 119 ; XV, 2 et 3, p. 165.
7. *Chron. Fontan.*, c. 17, dans d'Achery, II, 283 ; Pertz, *SS.* II, 299 et 300.
8. *Dipl. Caroli C. a.* 862, dans Bouq. VIII, 578 d.
9. *Chron. Fontan.*, *l. c.*
10. *Dipl. Car. C. a.* 862, *l. c.*, et *a.* 872, Bouq., VIII, 640 b
11. Voy. dans *Irm.*, tom. II, le mot *Pasta* à la table.

une oie grasse et une poule grasse. *Pasta* est pour *altilis*. I a déjà été question de *pulli* et d'*aucæ* aux §§ 18 et 19.

39. *Volumus, ut pullos et ova quos servientes vel mansuarii reddunt per singulos annos, recipere debeant; et quando non servierint, ipsos venundare faciant.*

On appelait *mansuarii* les colons, les lides et les serfs possesseurs de manses. Ceux de l'abbaye de Saint-Germain lui payaient communément, chaque année, trois poulets et quinze œufs par manse[1]. Quant aux *servientes*, on en distingue un assez grand nombre d'espèces, qui avaient des emplois très-variés, selon les temps et les pays. Ceux dont il s'agit ici peuvent être comptés parmi les *ministeriales* de dernier ordre. Ils étaient la plupart, comme les *mansuarii*, de condition plus ou moins servile; mais, au lieu de posséder, comme eux, des établissements ruraux isolés, perpétuels et héréditaires, ils étaient attachés au service direct du manse seigneurial, *mansus dominicatus*, et recevaient, pour vivre, des portions de terre du domaine, à raison de leurs emplois. Ainsi les *ministeriales* des §§ 10 et 41, et plusieurs du § 47, les *artifices* des §§ 45 et 62, les *juniores* des §§ 16, 57 et 63, les *poledrarii*, libres ou non, du § 50, les *magistri* des §§ 29, 57 et peut-être du § 61, plusieurs *homines* mentionnés au § 62, les maîtres des moulins du § 18, l'*hortulanus* du § 70, et peut-être les hommes chargés, au § 17, du soin des abeilles, me semblent devoir appartenir à la classe des *servientes* ou sergents. Mais j'en exclus les *majores*, les *decani* et les *cellerarii* du § 10, parce que ces officiers étaient généralement pris parmi les *mansuarii*, comme le prouve le Polyptyque d'Irminon[2]. Toutefois il pouvait arriver que des *servientes* possédassent des manses ou des parties de manses indépendantes de leurs emplois, comme on le voit par un meunier du Polyptyque de Saint-Germain[3], qui aurait pu cesser d'avoir la conduite du moulin de l'abbaye, sans perdre pour cela le demi-manse ingénuile qu'il occupait. Seulement, en cessant d'être meunier, il aurait été soumis aux charges communes des autres *mansuarii*.

40. *Ut unusquisque judex per villas nostras singulares etle-*

1. Voy. *Irm.*, proleg., § 376.
2. Voy. la table du tom. II, à ces noms.
3. *Irm.*, t. II, p. 200, § 6.

has[1], *pavones*, *fasianos*, *enecas*[2], *columbas*, *perdices*, *turtures*, *pro dignitatis causa omnimodis semper habeant*.

Il n'y a rien d'embarrassant dans cet article, à l'exception d'un seul mot, *etlehas*. Mais ce mot, malgré les efforts des savants, n'a pas encore reçu d'explication satisfaisante, et j'ose dire qu'il ne peut être expliqué que par conjecture; car je suis persuadé que le texte, souvent incorrect d'ailleurs, est ici très-corrompu, et l'on n'a pas le moindre espoir de découvrir un second manuscrit. Du Cange, perdant de vue le commencement de la phrase, et sans faire attention qu'il s'agit indubitablement d'oiseaux, propose de lire *et lehas* en deux mots, et d'entendre par *lehas* des laies ou femelles de sangliers. C'est une interprétation des plus malheureuses et vraiment inexplicable pour un homme d'une si grande sagacité. Bruns, qui sépare aussi le mot en deux, quoique, d'après son propre témoignage, il ne soit pas séparé dans le manuscrit, traduit *lehas* par *Lehne*, fiefs, ce qui ne peut se soutenir. Les autres commentateurs, je parle de ceux que j'ai consultés, n'admettent pas la séparation. Suivant Schilter, *etleha* serait composé d'*edel*, *nobilis*, et d'*auca*, *anser*, et signifierait un cygne, *cygnus*. Ress et Kinderling adoptent cette interprétation, quoique ce dernier n'ait pas de répugnance pour celle de Bruns. Anton, qui décompose le mot en *edle* et *Hüner*, ou en *edle* et *Hähne*, lui attribue la signification soit de poules nobles ou coqs nobles, soit d'oiseaux nobles, en général. Toutes ces explications me paraissent inadmissibles, moins encore par elles-mêmes que par la construction qu'elles forcent de donner au texte. Elles supposent en effet que dans la phrase : *Ut unusquisque judex per villas nostras singulares etlehas*, *pavones*... *habeant*, l'adjectif *singulares* se rapporte à *villas* et qu'il doit être pris dans le sens de *singulas*. Or, cette double supposition ne me paraît pas vraisemblable. D'abord le pluriel *singuli* est presque toujours remplacé par le singulier *unusquisque*; ainsi *unusquisque judex* est répété près de vingt fois, tandis que l'expression *judices singuli* ne se lit que dans un seul endroit[3]. De plus, on trouve trois fois

1. *Etlehas* ab interpretibus pro cygnis habitum, nec tamen magis probatum est, quam Brunsii sententia *lehas* hic dici pro *beneficiis*, cujus rei exemplum Karoli tempore frustra quæras. Anton *edlere Hühner* interpretatus est. Pertz.

2. *Anates*. Pertz.

3. § 68

unaquæque villa, et l'on ne voit nulle part *singulæ villæ*. Ensuite *singulares* n'est jamais employé pour *singuli*, je ne dis pas seulement dans notre capitulaire, mais dans aucun autre document. Par ces motifs, je crois très-difficile de rapporter *singulares* à *villas nostras* qui précède, tandis que rien n'est plus naturel que de le rapporter à *etlehas* qui suit. Alors, du moment que cette relation est bien établie, tous les échafaudages des commentateurs, qui la détruisent, s'écroulent.

Mais, attendu que je suis peu en état de débrouiller des étymologies germaniques, et que, en outre, je tiens la leçon *etlehas* pour très-suspecte, je n'aurai garde de discuter la valeur propre de ce mot, et je me bornerai, ce qui pourra passer encore pour une action assez téméraire, d'expliquer l'article comme s'il y avait *singulares alites* au lieu de *singulares etlehas*. J'en fais donc un nom générique, et j'y suis aussi déterminé par la difficulté de trouver, pour mettre devant le paon, un oiseau plus digne que lui de la première place.

41. *Ut ædificia intra curtes nostras, vel sepes in circuitu bene sint custoditæ, et stabula vel coquinæ, atque pistrina*[1], *seu torcularia, studiose præparatæ fiant; quatenus ibidem condigne ministeriales nostri officia eorum bene nitide peragere possint.*

Les explications précédentes suffisant pour l'intelligence de cet article, je passe sans commentaire au suivant.

42. *Ut unaquæque villa intra cameram, lectaria, culcitas, plumatios*[2], *batlinias*[3], *drappos, ad discum, bancales, vasa ærea, plumbea, ferrea, lignea, andedos, catenas, cramaculos, dolaturas*[4], *secures, id est cuniadas*[5], *terebros, id est taradros, scalpros, vel omnia utensilia ibidem habeant, ita ut non sit necesse aliubi hoc quærere*[6] *aut commodare. Et ferramenta quod in hostem ducunt, in eorum habeant plebio, qualiter bona sint; et iterum quando revertuntur, in camera mittantur*[7].

Le nom de *camera* est donné ici à la chambre ou partie de la maison qui servait de magasin pour le mobilier; c'est ce que

1. *Pistrima*, 1re leçon.
2. *Plumatias*, 1re leçon.
3. Germ. *Bettleinen*.
4. *Dolaturias*, 1re leçon. Germ. *Barte*. Pertz.
5. Gall. *coignée*; germ. *Spitzhauen*. Pertz.
6. *Quequere* adjecto *re* cod. Pertz.
7. *Mittuntur*, 1re leçon.

nous appellerions un garde-meuble. Ress et, d'après lui, Kinderling et Anton traduisent *lectaria* par *Bettstellen*. S'ils entendent des bois de lit, je crois qu'ils se trompent ; car ces mots des formules : *Lectarios condignos ad lectos, tantas*[1]*; lectario ad lecto vestito*[2]*;* ceux-ci du testament d'Ermentrude, de l'an 700 environ : *Lectaria ad lecto uno*[3]*;* ce passage d'un chapitre ajouté à la loi salique : *Lecto* [pour *lectum*] *cum lectaria ornet*[4], et d'autres textes rapportés par Du Cange, sont contraires à cette interprétation. Il me paraît donc impossible que *lectaria* signifie des bois de lits.

Selon Du Cange, sous le nom de *lectarium* on comprenait tous les objets dont un lit est composé. D'après notre article, les *culcita*, les *plumacius*, les *battliniæ*, étant nommés immédiatement après les *lectarium*, en sont nécessairement ou le complément ou les parties constituantes, c'est-à-dire qu'il faut ou les ajouter au *lectarium* pour avoir un lit complet, auquel cas le *lectarium* ne serait qu'une partie du lit ; ou en faire des parties mêmes du *lectarium*, qui comprendrait alors toute la literie, si je puis me servir de cette expression. Quoiqu'il ne soit pas facile de déterminer avec précision la valeur des noms après le changement des usages et des choses, essayons toutefois d'arriver à la véritable signification du mot *lectarium*.

Et d'abord, je trouve, dans le *Breviarium* de Charlemagne, un passage qui ne permet pas d'attribuer à ce mot une valeur trop collective, et qui est ainsi conçu : *Vestimenta : culcitram I, plumacium I, lectarium I, linteum I, coopertorium I, bancalem I*. Ici le *lectarium* ne comprend pas évidemment la *culcita* ni le *plumacius*, qui le précèdent, ni même le *linteus* ni le *coopertorium*, qui le suivent. Or, ces quatre objets, ou au moins les deux premiers, font sans aucun doute partie d'un lit. De même, lorsque nous lisons dans les statuts de Corbie que les moines recevaient, tous les trois ans au plus et tous les neuf ans au moins, un *lectarium*, on ne peut supposer qu'il s'agisse d'une literie complète[5], ni même d'un composé de plusieurs objets

1. *Append. Marc.*, 37 ; Bal., II, 455.
2. *Form. Andeg.*, 1 ; Bouq., IV, 564 d.
3. Bréq., p. 361 ; Pard., II, 256.
4. Pertz, *LL.* II, 14 ; Pard., *Dipl.*, I, 47, et *Loi sal.*, p. 331.
5. Voici le passage : *Hæc sunt quæ clericis nostris canonicis suprascriptis, qui pulsanti dicuntur* [ce sont les novices, appelés plus haut *pulsantes*], *dari debent :*

servant à la garniture d'un lit. Nous devons donc regarder le *lectarium* comme un objet simple. Maintenant, pour en déterminer la destination particulière, je remarque, dans la vie de saint Benoît d'Aniane, le passage suivant : [*Monachi*] *ut pigrum depellerent frigus, lectaria* [probablement pour *lectariis*] *utebantur, cum in vigiliis divinis adsisterent*[1]. D'où il résulte que le *lectarium* était un objet portatif au besoin, et qu'on pouvait s'en servir comme d'un vêtement pour se garantir du froid, puisque les moines d'Aniane s'en couvraient en hiver dans leur église, lorsqu'ils vaquaient à l'office des vigiles. Quant à dire quelles en étaient la matière et la forme, je pense qu'il ne différait guère de ce qu'on désignait aussi sous le nom de *cottum* ou *cottus*, qui était une espèce de couette plus ou moins épaisse, ou de courte-pointe, comme je l'avais déjà défini ailleurs, et sur laquelle ordinairement on se couchait. Mais je ne me suis que trop arrêté à cette question, qui n'a pas beaucoup d'importance, et que je n'ai traitée avec cette étendue que par la nécessité où j'étais de détruire une interprétation adoptée généralement. En définitive, le *lectarium* sera une courte-pointe et non un bois de lit.

Culcita signifie un matelas ou un coussin ; *plumatius*, un oreiller de plumes ; *battiniæ*, des draps ou des toiles de lit, en allemand *Bettleinen; drappi ad discum*, des draps ou tapis de table ; *bancales*, des tapis de banquettes[2] ; *andedi*, des chenets ; *cramaculos*, des crémaillères ; *dolaturæ*, des doloires [instrument de tonnelier à lame très-large, servant à doler] ; *cuniadæ*, des cognées [coins avec manche] ; *terebri* pour *terebræ*, autrement *taradri*, des tarières ; *scalpri*, des coutelas, et *ferramenta*, des instruments de fer, et peut-être les armes dont il est question au § 64. J'ai parlé, au § 24, de ce qu'on devait entendre par *plebeium*. On trouvera, dans plusieurs paragraphes du *Breviarium*, l'inven-

de vestimento, tunicas duas albas et tertiam de alio colore, et caligas IIII, femoralia duo, etc. ; *hæc omnia anno. Cappam vero de sago et pellitiam, cottum* aut lectarium sive sagum in tertio anno accipiant. Ista omnia de illo vestimento debent accipere, quod fratres reddunt dum accipiunt novum ; et talia de his eligantur illis qualia inveniri possunt utiliora.* Ainsi on faisait servir les vieilles hardes des moines à l'habillement des novices.

1. *Vita S. Bened., abb. Anian.*, n. 12, dans *Sæc. bened. IV*, part. 1, pag. 19[illegible] (neuvième siècle).

2. Anton, qui réunit *discum* à *bancales*, traduit par *Tischbänke*.

* On se couchait sur le *cottus*. Voy. Du Cange, au mot *Cottum*.

taire des outils dont les maisons rurales du roi étaient pourvues [1].

43. *Ad genitia nostra, sicut institutum est, opera ad tempus dare faciant, id est linum, lanam, waisdo* [2], *vermiculo* [3], *warentia* [4], *pectinos, laninas* [5], *cardones, saponem, unctum, vascula, vel reliqua minutia quæ ibidem necessaria sunt.*

Les *genitia* ou *gynæcea* sont, comme il a été dit au § 31, les ateliers des femmes. On doit entendre, avec Anton, par *opera* les objets nécessaires pour le travail, c'est-à-dire la matière et les instruments. *Waisdum* ou *waisda* est le nom de la guède ou du pastel, appelé *glastum* par Pline ; *vermiculum*, celui d'une matière qui servait à teindre en vermeil ou écarlate, qui était produite par la piqûre d'un insecte sur le chêne vert et sur une plante des environs de Reims, et qui avait une assez grande valeur, ainsi qu'il résulte principalement de plusieurs passages du Polyptyque de saint Remi [6]. Anton s'est trompé en faisant de *vermiculum*, de la laine teinte en rouge, *rothgefärbte Wolle*. *Warentia* est la garance, *rubia*. *Pectini* (pour *pectines*) *laninæ* ou plutôt *lanini*, sont les cardes; *cardones* pour *cardui*, les chardons à bonnetier. Par le pluriel neutre *minutia*, on doit entendre ici les menus objets nécessaires au travail des ateliers. Le même mot est encore employé dans le paragraphe suivant. Les occupations des femmes dans les ateliers de leurs seigneurs sont indiquées, selon la remarque faite par Tresenreuter, dans le capitulaire de l'an 789, qui contient la désignation des ouvrages défendus le dimanche. *Item feminæ opera textrilia non faciant, nec capulent vestitos, nec consuent* [pour *consuant*], *vel acupictile faciant; nec lanam carpere, nec linum battare, nec in publico vestimenta lavare, nec berbices tundere habeant licitum; ut omnimodis honor et requies diei dominicæ servetur* [7].

44. *De quadragesimale duæ partes ad servitium nostrum ve-*

1. §§ 4, 18, 20, 21, 22, 23, dans *Irm.*, t. II, p. 298, 301 et 304; dans Pertz, *LL.* I, 177-180. Voyez aussi les statuts de Corbie, II, 1, dans *Irm.*, t. II, p. 315, et la lettre de Charlemagne à l'abbé Fulrad, dans Bouq., V, 633 d, et dans Pertz, *LL.* I, 145.

2. Germ. *Waid, glastum*, Pertz.

3. Germ. *Scharlach*. Anton, *lana rubra*. Pertz.

4. Germ. *Krapp*. Id.

5. *Laminas*, 1re leçon.

6. Voy. ce que je dis du *vermiculum* dans ce polyptyque, p. XXIX et ss.

7. *Capitul. ecclesiast. Aquisgr.*, c. 80, Pertz, I, 66.

niant per singulos annos, tam de leguminibus quamque et de pis cato, seu formatico, butirum, mel, sinape, aceto, milio, panicio[1] *herbulas siccas vel virides, radices, napos, insuper et ceram*[2], *ve saponem atque cetera minutia; et quod reliquum fuerit, nobi per brevem, sicut supra diximus, innotescant, et nullatenus ho permittant*[3], *sicut usque nunc fecerunt; quia per illas duas parte volumus cognoscere de illa tertia quæ remansit.*

Le texte de ce paragraphe était fort défectueux dans les an ciennes éditions. Il a été rectifié et complété par Bruns, qui n'a plus laissé à M. Pertz qu'un seul mot à rétablir, celui de *ceram* au lieu de *ceteram*.

Par *quadragesimale*, nous devons entendre non les aliments prescrits pendant le carême, mais les aliments maigres en général C'est du moins ce qui résulte d'un diplôme de l'année 863, par lequel Charles le Chauve confirme la fondation d'un hospice faite dans le cloître de l'abbaye de Saint-Quentin, pour l'entretien de douze pauvres : *Quibus quotidie in eorum alimentis panis unicuique tribuatur unus; cum quo tribus hebdomadæ diebus caro, reliquis autem tribus* [fort. l. *quatuor*] *quadragesimale augeatur.... Tempore vero quadragesimæ, in cœna Domini, duodecim ibidem pauperes suscipiantur*[4]. On voit que, dans ce passage *quadragesimale* est opposé à *caro*, et s'applique à tous les aliments maigres fournis trois ou plutôt quatre jours de chaque semaine pendant l'année. *Piscato* est pour *piscatu*, et signifie le produit de la pêche ou les poissons. Nous avons déjà vu, au § 34, *formaticum* employé pour *caseus*. *Butirum* et plusieurs autres noms qui suivent sont mis à l'accusatif, quoiqu'ils soient tous régis par la préposition *de;* mais cette faute est si commune, qu'elle mérite à peine d'être relevée. *Milium* est le panic-millet, *panicum miliaceum* de Linné; et *panicium*, le panic cultivé, *panicum italicum* du même auteur. Sous le nom de *radices*, on doit entendre à la fois les radis, les raves et les raiforts, dont il est encore question au § 70. Quant au *napus*, c'est le navet, *brassica napus* de Linné.

La mention rappelée par les mots *sicut supra diximus* semble

1. *Panitio*, 1re leçon. *Fenchelhirse*, Anton. Pertz.
2. *Cetera*, 1re leçon.
3. I. e. *prætermittant*. Pertz.
4. Bouq., VIII, 585 *e*.

se rapporter beaucoup mieux au § 55, qui suit, qu'à aucun autre paragraphe qui précède.

45. *Ut unusquisque judex in suo ministerio bonos habeat artifices, id est fabros ferrarios, et aurifices, vel argentarios, sutores, tornatores, carpentarios, scutarios, piscatores, aucipites, id est aucellatores, saponarios, siceratores, id est qui cervisam vel pomatium, sive piratium, vel aliud quodcumque liquamen ad bibendum aptum fuerit, facere sciant; pistores, qui similam*[1] *ad opus nostrum faciant, retiatores, qui retia facere bene sciant, tam ad venandum quam ad piscandum, sive ad aves capiendum, necnon et reliquos ministeriales quos ad numerandum longum est.*

Le mot *ministerium* est pris dans le sens de district, de même qu'aux §§ 8, 9, 17, 26, 50, 53, 56; et celui de *ministeriales*, dans celui d'ouvriers et d'artisans de tous genres. Au reste, le texte de cet article, depuis qu'il a été rectifié par Bruns, ne présente plus de difficulté. La signification de tous les mots en est claire, et n'a pas besoin d'explication. Plusieurs des ouvriers ou artisans ici nommés figurent dans la loi salique[2], dans celle des Allemands[3] et dans les additions qu'on y a faites[4], dans le *Breviarium*[5], dans les statuts d'Adalard, abbé de Corbie[6], etc.; quelques-uns reparaîtront au § 62. On remarquera que, l'industrie n'ayant encore ni liberté ni développement, le roi et même tous les grands propriétaires étaient forcés d'entretenir sur leurs terres les divers artisans dont ils avaient besoin; mais comme la plupart de ceux-ci n'avaient pas à travailler toute l'année de leur métier, ils se livraient aussi à la culture des champs; ce qui retardait nécessairement les progrès de l'industrie.

46. *Ut lucos nostros, quos vulgus brogilos vocat, bene custodire faciant, et ad tempus semper emendent, et nullatenus exspectent, ut necesse sit a novo reædificare. Similiter faciant et de omni ædificio.*

Le breuil, *brogilus*, était un parc dans lequel on enfermait des

1. Fleur de farine, chez les anciens; pain de fantaisie ou pâtisserie, dans le moyen âge. *Semmel*, en allemand, signifie du pain blanc.

2. *L. sal. Herold.*, XI, 6.

3. *L. Alam. Carol.*, LXXIX, 7.

4. *Capitula addita*, c. 44, dans Bal., I, 90.

5. C. 20, dans l'*Irm.*, II, 302; Pertz, I, 179.

6. I, 1, dans l'*Irm.*, II, 307.

bêtes fauves. Il était clos de haies ou de murs. *Habet... broilum muro petrino circumseptum, quem domnus Irmino construxit*, dit le rédacteur du *Polyptyque d'Irminon* [1]. C'est à tort, je crois, que les mots *reædificare* et *ædificium* sont détournés de leur sens ordinaire par Anton, qui prétend qu'il s'agit ici, non de bâtiments, non de parcs à reconstruire, mais de haies à réparer ou à refaire. Il me semble que, si Charlemagne eût voulu parler seulement de l'entretien des haies de ses parcs, il se fût exprimé autrement, et que, dans aucun cas, il n'eût dit : *Similiter faciant et de omni ædificio*, pour exprimer, comme Anton le veut, qu'on devait pareillement avoir soin de toutes les haies, et les réparer en temps convenable. Selon moi, Charlemagne ordonne ici d'entretenir ses breuils, d'y faire à temps les réparations dont ils ont besoin, soit aux murs qui les entourent, soit aux autres constructions qui en dépendent, sans attendre qu'il devienne nécessaire de tout reconstruire à neuf. Puis il ajoute qu'il faut agir de même à l'égard de toute espèce de bâtiment.

Par son capitulaire de l'année 820, Louis le Débonnaire défendit de forcer les hommes libres à travailler à ses breuils : *Omnibus notum sit, quia nolumus ut liber homo ad nostros brolios operari cogatur* [2].

47. *Ut venatores nostri, et falconarii, vel reliqui ministeriales, qui nobis in palatio adsidue deserviunt, consilium in villis nostris* [3] *habeant, secundum quod nos aut regina per litteras nostras jusserimus, quando ad aliquam utilitatem nostram eos miserimus, aut siniscalcus, et buticularius de nostro verbo eis aliquid facere præceperint.*

L'expression *consilium habeant* est la seule qui puisse causer ici de l'embarras. Tresenreuter, Bruns et Kinderling ne s'y sont pas arrêtés, et même, selon Kinderling, le paragraphe, qu'il n'explique pas, n'aurait rien d'obscur. Anton, qui traduit *consilium habeant* par *sich berathen*, se consulter, tenir conseil, ne fait que traduire en allemand l'obscurité qui règne dans le latin. Voici sa traduction : « Que nos chasseurs, nos fauconniers et nos autres serviteurs, qui servent assidûment dans notre palais, tiennent conseil dans nos terres sur ce que nous ou la reine nous ordonnons par nos lettres, lorsque nous les envoyons pour

1. T. II, p. 227, col. 1.
2. C. 4, dans Bal., I, 622; Pertz, I, 229.
3. *Villas nostras*, 1re leçon.

quelque réforme (wenn wir sie zu irgend einer Verbesserung absenden), etc. » Mais quel est le sens de cette prescription, faite par le roi à ses officiers, de s'entendre pour l'exécution de ses ordres, quand il les envoie en mission dans ses terres ? Et de plus, comment concevoir qu'une disposition de cette nature, qui trouverait beaucoup mieux sa place dans les instructions particulières des envoyés, soit devenue le fond d'un article de règlement général, surtout lorsque ce règlement paraît avoir été rédigé, non pour les envoyés qu'elle concerne, mais pour les intendants qui résidaient dans les terres royales? Si le bon sens doit dominer toutes les interprétations et tous les textes, il me semble qu'il souffre ici quelque atteinte par cette manière d'expliquer le paragraphe. Je ne crois pas, en effet, qu'il soit possible de traduire ainsi sans manquer non-seulement de clarté, mais encore de logique. Il faut donc chercher une autre traduction. Or, je pense que les mots *habeant consilium* doivent s'entendre ou de l'assistance que les envoyés avaient droit d'attendre des intendants, ou, ce qui revient à peu près au même, des conseils que l'intendant devait leur donner. Dans le premier cas, il faudrait supposer que *consilium habeant* serait mis pour *auxilium habeant*, et dans le second, que le pronom *vestrum* serait omis ou sous-entendu. Comme il est naturel que le roi, lorsqu'il envoie des commissaires extraordinaires dans ses terres, prescrive à ses intendants de les assister dans leur mission, le premier sens me satisfait davantage, et je m'y tiens.

Si maintenant on veut savoir quelle mission les chasseurs, les fauconniers et les autres officiers du palais pouvaient avoir dans les terres royales, un passage de la lettre d'Hincmar aux grands du royaume pourra nous en donner une idée. D'après ce document, qui n'est autre en grande partie que le célèbre traité d'Adalard sur l'ordre du palais, il y avait à la cour de Charlemagne quatre grands veneurs, *venatores principales quatuor*, et un fauconnier ou intendant général de la chasse au vol. Leurs attributions communes consistaient à subvenir à toutes les choses nécessaires au service du roi et de sa cour dans ses parties de chasse, à veiller à l'entretien des chiens et des oiseaux dressés à cet exercice, enfin à fournir toutes les provisions de gibier dont le palais et les maisons royales avaient besoin pour la nourriture des personnes qui les habitaient ou qui venaient y faire un séjour momentané. Dans leurs fournitures, ils devaient se précautionner également contre le superflu et contre la disette, car si rien ne devait manquer, rien ne devait être perdu [1]. On ne peut affirmer que les officiers de la vénerie et de la fauconnerie mentionnés par Hincmar soient les mêmes que ceux de notre capitulaire; mais ils avaient sous leurs ordres des veneurs, des fauconniers et d'autres agents, qui ne paraissent pas différer de ceux dont il est ici question. Ces derniers pouvaient donc avoir pour mission ordinaire d'inspecter le service des chasses dans les terres royales, et d'y assurer les approvisionnements de gibier nécessaires pour la table du palais.

48. *Ut torcularia in villis nostris bene sint præparata. Et hoc prævideant judices, ut vindemia nostra nullus pedibus præmere præsumat, sed omnia nitida et honesta sint.*

Les raisons de propreté qui faisaient défendre de fouler la vendange avec les pieds ont été reconnues mal fondées depuis longtemps. Ce sont des hommes nus qui, dans beaucoup de pays, foulent le raisin dans la cuve. D'après notre article, il semble que la vendange était portée immédiatement de la vigne au pressoir. C'est encore la pratique actuelle en Bourgogne, mais seulement pour le vin blanc; car, pour le vin rouge, le pressurage ne se fait qu'après la fermentation.

49. *Ut genitia nostra bene sint ordinata, id est de casis, pislis, teguriis, id est screonis* [2]*; et sepes bonas in circuitu habeant, et portas firmas, qualiter opera nostra bene peragere valeant.*

Il a déjà été question des gynécées aux §§ 31 et 43. On voit ici qu'ils occupaient un quartier séparé, clos de haies, et qu'ils comprenaient des *casa*, des *pislum*, des *tegurium* ou *screona*. Le mot *casa* se dit aussi bien, au moyen âge, de l'habitation d'un seigneur que de celle d'un serf [3]. Ici, il est employé pour désigner les habitations ou logements des femmes, appelés *mansiones fœminarum* dans un endroit du *Breviarium* de Charlemagne [4].

Les *casa* de bois, au nombre de dix-sept, de huit et de deux, situées dans la cour, desquelles il est parlé en divers passages du

1. Hincm., *Epist. ad procer.*, c. 24, dans Bouq., IX, 266 c.

2. Cameræ subterraneæ, gall. *escrenes* et *ecraignes* in Campania et Burgundia. Pertz.

3. Voy. l'*Irm.*, t. II, aux endroits marqués dans l'*Index*. Une *casa regalis* est mentionnée dans le *Breviarium*, c. 21, dans l'*Irm.*, p. 303; Pertz, I, 179.

4. C. 20.

même document, étaient probablement, du moins quelques unes, des dépendances des gynécées [1]. Sous le nom de *pislum*, *pisitum*, *pisile*, *pisalis*, on désignait une chambre à fourneau ou à poêle, comme le mot l'indique, et comme des textes assez nombreux le prouvent [2].

Le terme de *tegurium*, que Bruns, Kinderling et Anton ne veulent pas que l'on confonde avec celui de *tugurium*, en a pourtant, de leur aveu, la signification. Il est, d'après notre texte, synonyme de *screona*, d'où est venu *escrène*, *écraigne*, en Lorraine *crane*. C'est une chambre, une grange, une cave, où les femmes se réunissent en hiver pour la veillée [3].

Les bâtiments des gynécées devaient être entourés de bonnes clôtures et fermés par des portes solides, afin que les femmes ne pussent être troublées dans leur travail.

50. *Ut unusquisque judex prævideat, quanti poledri in uno stabulo stare debeant, et quanti poledrarii cum ipsis esse possint. Et ipsi poledrarii qui liberi sunt, et in ipso ministerio beneficia habuerint, de illorum vivant beneficiis. Similiter et fiscalini qui mansas habuerint, inde vivant* [4]. *Et qui hoc non habuerit, de dominica accipiat provendam.*

Cet article, comme beaucoup d'autres, ne paraît pas être à sa place, qui, je crois, était marquée auprès des articles 14 et 15. Il y est dit : 1° que les intendants doivent régler le nombre des poulains de chaque écurie et celui des hommes qui doivent avoir soin d'eux ; 2° que ces hommes, lorsqu'ils sont libres et qu'ils possèdent des bénéfices dans le district, doivent vivre de leurs bénéfices ; 3° que les fiscalins, c'est-à-dire les *poledrarii* qui possèdent des manses royaux, doivent pareillement vivre de leurs manses ; 4° que les *poledrarii* qui n'ont ni bénéfices ni manses doivent être nourris et entretenus aux frais du roi, c'est-à-dire mis au nombre des *provendarii*, dont il est question au § 31.

Les *poledrarii* étaient pris, comme l'on voit, soit parmi les hommes libres, soit parmi les serfs. S'ils appartenaient à la classe des libres, ils pouvaient posséder des bénéfices, c'est-à-dire des

1. *Brev.*, c. 18, 20 et 21, dans l'*Irm.*, II, 301-303; Pertz, I, 178 et 179.
2. Voy. Du Cange, aux mots *Pisalis* et *Gynæceum*.
3. Voy. Du Cange, au mot *Screo*.
4. *Linea* similiter *usque* vivant *in ima paginæ ora suppleta est.* Pertz.

tenures qui n'étaient pas serviles, et qui par conséquent ne les obligeaient pas aux œuvres des serfs. Ces bénéfices étaient des portions de terre ou des biens concédés en usufruit, et dont la possession restait attachée à leur emploi. Nous avons déjà vu, au § 10, que des maires, quoiqu'ils fussent généralement de condition plus ou moins servile, pouvaient posséder des bénéfices de cette espèce; mais c'est qu'alors ils étaient exemptés par leur office des services de corps imposés aux autres tenanciers tributaires [1].

Nous retrouverons, au § 52, les *fiscalini*, dont le nom comprend tous les hommes appartenant au roi, qui étaient établis sur ses terres ou dans ses fiscs [2].

Les manses, dont nous avons déjà parlé au § 10, et qui reparaîtront encore aux §§ 62 et 67, étaient des espèces de fermes héréditaires, chargées non-seulement de redevances, mais encore de services.

A la fin de l'article, *de dominica* paraît avoir été mis par erreur pour *de dominico*, qui se trouve ailleurs et particulièrement dans le Polyptyque de Saint-Remi de Reims [3]. *Dominicum* est le domaine, c'est-à-dire ce qui est au seigneur, et ce qu'il n'a donné ni en bénéfice ni à cens [4].

Provenda signifie la nourriture et l'entretien; il est synonyme de *præbenda*. Mais, dans la suite, on a donné le nom de *præbenda*, prébende, au revenu ou bénéfice ecclésiastique annexé d'ordinaire à la dignité de chanoine.

51. *Prævideat unusquisque judex, ut sementia nostra nullatenus pravi homines subtus terram vel aliubi abscondere possint, et propter hoc messis rarior fiat. Similiter et de aliis maleficiis illos prævideant, ne aliquando facere possint.*

Je pense que *sementia* signifie les semences, les graines, *semina*, plutôt que les semailles ou les grains semés, *sementis*, *sata*; car autrement les mots *vel aliubi* me sembleraient bien difficiles à expliquer. On s'imaginait apparemment qu'en cachant

1. Les œuvres serviles ne sont pas imposées à Vulframnus, maire de Villemeux, dans l'*Irm.*, p. 77, § 8; ni au maire, au cellerier, au doyen, au meunier du fisc d'Emans, *ibid.*, p. 199 et 200, §§ 3-6.

2. Il est question de *fisci* aux §§ 4 et 6.

3. *Irmin.*, t. II, p. 289, § 3. Voy. aussi Du Cange, au mot *Dominicum* 3.

4. Voy. l'*Irm.*, t. I, § 241.

un sac de semence sous la terre, sous des pierres ou autrement, on empêchait les graines de lever. Tresenreuter a cru qu'il s'agissait ici de délits, de méfaits, et non de maléfices. Mais c'est une erreur qui n'a pas été commise par Anton. Les divers textes de la loi salique, et en particulier le titre 21 de celui de Charlemagne, prononcent des peines contre les maléfices [1].

52. *Volumus ut de fiscalis vel servis nostris, sive de ingenuis qui per fiscos aut villas nostras commanent, diversis hominibus plenam et integram, qualem habuerint, reddere faciant justitiam.*

Tresenreuter me paraît ne pas avoir bien compris le sens de cet article. Bruns ne s'y arrête pas, et Kinderling se contente de proposer de lire *de fiscalinis*, au lieu de *de fiscalis*. Anton, conservant la leçon, distingue les *fiscali* des *fiscalini*. Les *fiscali* sont à ses yeux les serfs du fisc, *servi fisci*. Quant aux *fiscalini*, il ne dit pas ce qu'ils étaient. Puis il traduit les mots suivants *vel servis nostris*, par *und* [*unsrer*] *Knechte*, c'est-à-dire par les serfs du roi, qu'il distingue alors des serfs du fisc; et par conséquent il met ici une différence entre les biens du fisc et les biens du roi. Mais je n'ai pas besoin de discuter cette question pour fixer le sens de l'article, et je la laisse de côté. Enfin, Anton traduit *ingenuis* par étrangers, *Fremden*, en appliquant nécessairement ce nom aux hommes libres domiciliés dans les terres royales.

Or, ces diverses interprétations, purement arbitraires, sont inadmissibles. D'abord, il est impossible d'attribuer une signification différente aux mots *fiscalini* et *fiscali*, supposé que celui-ci existe autrement que par une faute de copiste. En second lieu, les *ingenui* ne sont pas les hommes libres, qui sont appelés *franci* à l'article 4, comme nous l'avons vu; mais les *ingenui* répondent en général aux colons, comme le prouve le Polyptyque de Saint-Remi de Reims.

Un article d'un capitulaire de l'an 803 commence ainsi : *Ut homines fiscalini sive coloni aut servi, in alienum dominium com-*

1. De même la loi des Ripuaires (titre 83); l'édit de Théodoric, roi des Ostrogoths (c. 108, dans Canc. I, 11); celui de son petit-fils et successeur Athalaric (c. 9, *ib.*, p. 17); le capitulaire de l'an 789 (c. 18, dans Pertz, I, 517); le capitulaire de l'an 802 (c. 40, dans Pertz, I, 100); le deuxième capitulaire de l'an 805 (c. 25 dans Bal. I, 428); le capitulaire de Quierzy, de 873 (c. 7, dans Pertz, I, 520). Voyez aussi la formule 10 des exorcismes, dans Bal. II, 661.

morantes, etc.[1]. Dans ce passage, *fiscalini* est, je crois, un nom générique qui embrasse les colons et les serfs ; mais, dans notre paragraphe, les *fiscali*, c'est-à-dire les *fiscalini*, étant distingués des serfs, paraissent ne comprendre que les colons du roi, tandis que, sous le nom de *ingenui* qui suit, seraient désignés les colons qui, sans appartenir au roi, auraient leur demeure sur les terres royales.

En résumé, Charlemagne, ne voulant pas que les fiscalins, colons ou serfs, qui sont ses hommes, ni que les colons étrangers qui habitent ses terres, abusent de la puissance de leur maître ou de leur hôte, pour causer du préjudice à leurs voisins ou pour s'assurer à eux-mêmes l'impunité, ordonne à ses intendants de les forcer à faire aux parties lésées pleine et entière justice.

J'ajoute qu'il s'agit ici, pour les intendants, de faire rendre justice à tous, non contre tous, mais seulement contre les gens de condition plus ou moins servile établis dans les terres du roi ; car les procès ou les poursuites contre les hommes libres restaient de la compétence des comtes ou de leurs centeniers, et non de celle des intendants, qui étaient avant tout des officiers domestiques, quoique royaux.

53. *Ut unusquisque judex prævideat, qualiter homines nostri de eorum ministerio latrones vel malefici nullo modo esse possint.*

Dans cette ordonnance ou recommandation préventive, *de eorum ministerio*, suivant la remarque d'Anton, se rapporte à *unusquisque judex*, comme dans le paragraphe qui suit, et non à *homines ; eorum* est pour le possessif *suus*, de même qu'aux §§ 3, 10, 42, etc.

54. *Ut unusquisque judex prævideat, quatenus familia nostra ad eorum opus bene laboret, et per mercata vacando non eat.*

C'est-à-dire, que chaque intendant ait soin que nos hommes fassent bien le travail qu'ils lui doivent, et n'aillent pas perdre leur temps ou vaguer par les marchés ou les foires.

Ad opus eorum signifie donc, je crois, pour l'œuvre, pour le service, pour le compte, au profit de l'intendant, et ne se rapporte pas à la *familia :* c'est, en effet, dans un sens analogue qu'il est employé dans les §§ 1, 4, 8, 11, etc. Anton avait émis la même opinion. *Vacando* semble être mis pour *vagando ;* aussi,

1. *Capitula addita*, c. 15 ; dans Pertz, I, 121.

Anton l'a-t-il traduit par le verbe *herumlaufen* (courir çà et là). On remarquera ici l'emploi du gérondif à la place du supin, de même qu'au § 57, où nous lisons *proclamando venire* pour *proclamatum venire*. *Mercata* peut s'entendre des foires aussi bien que des marchés. Charlemagne défendit de les tenir le dimanche : *De mercatis*, dit-il, *ut in die dominico non agantur, sed in diebus quibus homines ad opus dominorum suorum debent operari*[1]. Dans Pertz, cet article est ainsi conçu : *Ut mercatus die dominico in nullo loco habeatur, nisi ubi antiquitus fuit et legitime esse debet*[2]. Le même texte est aussi donné par Baluze, dans un autre capitulaire[3].

55. *Volumus ut quicquid ad nostrum opus judices dederint, vel servierint, aut sequestraverint, in uno breve conscribi faciant, et quicquid dispensaverint, in alio; et quod reliquum fuerit, nobis per brevem innotescant.*

Ce paragraphe n'a pas besoin d'explication. Seulement je ferai observer que *servire* devient ici, de même que dans d'autres documents, un verbe actif, signifiant livrer ou fournir pour un service, et que *brevis* est le mot le plus ordinairement employé pour désigner un inventaire, une liste, un état.

56. *Ut unusquisque judex in eorum ministerio frequentius audientias teneat, et justitiam faciat, et prævideat qualiter recte familiæ nostræ vivant.*

C'était, non pour les hommes libres, mais pour les colons, les lides et les serfs du roi, que les intendants devaient tenir des audiences fréquentes dans leur ressort. D'après un article du Polyptyque de Saint-Maur des Fossés, les gens soumis à la capitation de quatre deniers étaient tenus de venir à trois audiences, en apportant avec eux leurs petits présents, *eulogiæ*[4].

57. *Si aliquis ex servis nostris super magistrum suum nobis de causa nostra aliquid vellet dicere, vias ei ad nos veniendi non contradicat. Et si judex cognoverit quod juniores illius adversus eum ad palatium proclamando venire velint, tunc ipse judex contra eos rationes deducendi ad palatium venire faciat, qualiter*

1. *Capitul. I a.* 809, c. 18 ; dans Bal., I, 466.

2. *Capitul. Aquisgr. a.* 809, c. 9; dans Pertz, I, 156.

3. *Capitul. II a.* 809, c. 8 ; Bal., I, 471. Voy. aussi *Capitul. I a.* 813, c. 15 ; Bal. I, 504; Pertz, I, 190 ; *Capitul. a.* 823, c. 7 ; Bal., I, 635; Pertz (c. 9), I, 244 ; *Edict. Pist. a.* 864, c. 19; Bal., II, 182; Pertz, I, 492.

4. *Polypt. Fossat.*, c. 10; dans l'*Irmin.*, II, 286.

eorum proclamatio in auribus nostris fastidium non generet. Et sic volumus cognoscere, utrum ex necessitate an ex occansione veniant.

D'après ce paragraphe, qui doit être rapproché du § 29, lorsque les serfs ont quelque chose à dire sur leur maître au roi, dans l'intérêt de celui-ci, le maître ne doit pas gêner leur accès auprès du roi. Tel est, je crois, le sens de la première phrase, dans laquelle je considère, avec Anton, le substantif *magister* comme le sujet du verbe *contradicat*. Ce qui, en effet, paraît écarter l'intendant, ce sont les mots, *et si judex cognoverit*, qui commencent la seconde phrase, et qui annoncent un autre sujet.

Dans cette seconde phrase, en conservant aux pronoms *illius* et *eum* leur valeur grammaticale, on devra entendre par *eum* le *magister*, et par *juniores illius* ses propres *juniores*, c'est-à-dire ses aides ou ses subordonnés ; et c'est aussi de cette manière que l'a entendu Anton. Il me paraît d'ailleurs évident que ceux-ci ne sont autres que les *servi* dont il vient d'être question, et qui sont en effet des *juniores* par rapport à leur *magister*. Mais si *illius* était mis pour le pluriel *sui*, et *eum* pour *ipsum*, genre de faute très-fréquent dans notre capitulaire [1], alors ce serait au substantif *judex* qu'on devrait les rapporter. Quoique la grammaire, dont les règles sont d'ailleurs si souvent violées, s'oppose à cette interprétation, la pensée générale de l'article pourrait toutefois y sembler favorable. En effet, après avoir prévu le cas où les serfs auraient des communications ou des dénonciations à faire contre leur chef, ne serait-il pas naturel que le roi prévît celui où les officiers inférieurs auraient, de leur côté, à en faire contre leur intendant? Au reste, je ne veux pas donner suite à cette observation, le plus sûr étant de s'en tenir au texte, lorsque l'incorrection, loin d'être évidente, peut seulement être soupçonnée. La même réserve n'est pas commandée à l'égard de ce passage qui suit : *Tunc ipse judex contra eos rationes deducendi ad palatium venire faciat,* qui se traduirait mot à mot ainsi : « Alors que le juge lui-même fasse venir contre eux les raisons de conduire au palais. » Or, on se le demande, que signifie l'expression *faire venir des raisons?* Où s'agit-il de les faire venir, et dans quelle intention ? Enfin, sont-ce les raisons ou les aides, *juniores,* qui doivent être conduits ou envoyés au palais ?

1. Voy. les §§ 3, 10, 23, 30, 36, 42, 50, 53, 63.

Évidemment, l'expression est ici équivoque, la rédaction confuse et le sens obscur ou incertain. Je suis donc persuadé que le texte est corrompu, et voici comment. Il me semble d'abord que *rationes* doit être ici le régime du verbe *deducere*, comme il est, aux §§ 16 et 66, celui du verbe *deducant*, et que par conséquent on ne peut le subordonner à *venire faciat*. Je pense, en outre, que *ad palatium* doit se construire, non avec *deducendi*, mais avec *faciat venire*. C'est pourquoi je n'hésiterai pas à toucher au texte, et je proposerai de lire *deducere..... veniendi*, au lieu de *deducendi..... venire*. La faute est facile à concevoir de la part d'un copiste, et la correction n'a, je crois, rien de trop téméraire. Avec ce simple changement, l'obscurité se dissipe, chaque mot recouvre sa valeur, et le texte, ainsi amendé, se construit de la manière suivante : *Tunc ipse judex faciat deducere contra eos rationes veniendi ad palatium*. C'est-à-dire, que l'intendant fasse lui-même déduire ou exposer par écrit, après enquête, leurs motifs de venir au palais. Ce qui me paraît offrir un sens parfaitement clair et de tous points satisfaisant. On conçoit en effet que Charlemagne, en voulant que le chemin de son palais fût toujours ouvert à ses hommes, ait pris ses précautions contre les abus, et qu'il ait en conséquence demandé, pour certains cas, à ses intendants des rapports sur les motifs qu'on pouvait avoir de s'adresser directement à lui. Cette prescription est d'ailleurs conforme à celle d'un capitulaire que nous avons citée dans une note relative au § 29.

Le sens du mot *occansio*, pour *occasio*, à la fin de l'article, est déterminé par le sens même de la phrase. Ce mot ne peut guère avoir d'autre signification que celle de prétexte ou motif sans fondement. Aussi, Anton traduit-il *ex occansione* par *aus Vorwand*.

58. *Quando catelli nostri judicibus commendati fuerint* [*ad nutriendum, ipse judex* [1]] *de suo eos nutriat, aut junioribus suis, id est majoribus et decanis, vel cellerariis ipsos commendare faciat, quatenus de illorum causa eos bene nutrire faciant; nisi forte jussio nostra aut reginæ fuerit, ut in villa nostra ex nostro*

1. Les mots *ad nutriendum, ipse judex*, manquent dans Pertz, comme dans les anciennes éditions. Mais Bruns les donne, en expliquant, dans une note, pourquoi ils ont été omis par les précédents éditeurs. Nous regrettons que M. Pertz n'ait donné aucune explication de cette omission.

eos nutriant. Et tunc ipse judex hominem ad hoc opus mittat, qui ipsos bene nutriat; et segreget unde nutriantur, et non sit illi homini cotidie necessitas ad scuras recurrere.

Tresenreuter entend par *catelli* de jeunes chiens, et Anton des chiens en général, *hunde*. Comme les chiens sont toujours appelés *canes* dans les lois et dans les capitulaires [1], et qu'ils ont déjà été ainsi désignés dans notre capitulaire même, au § 11 (sans parler du § 23, où le mot *canes* me paraît devoir être remplacé par *carnes*), je préfère l'opinion du premier. Ici le mot *scura* doit signifier un fenil, ainsi que nous en avons déjà fait la remarque, ou peut-être même un chenil, plutôt qu'une écurie.

59. *Unusquisque judex quando servierit, per singulos dies dare faciat de cera libras III, de sapone sextaria VIII; et super hoc ad festivitatem sancti Andreæ, ubicumque cum familia nostra fuerimus, dare studeat de cera libras VI; similiter mediante quadragesima.*

Charlemagne dépensait donc par jour trois livres de cire et huit setiers (de 25 à 30 litres) de savon, qui lui étaient fournis par l'intendant de service. De plus, le jour de la Saint-André (le 30 novembre), qui était une des grandes fêtes de l'Église [2], et à la mi-carême, on ajoutait six livres de cire à la provision ordinaire, lorsque le roi était présent avec ses domestiques. D'après Anton, l'addition aurait été de trois livres seulement; mais je ne puis admettre son interprétation. On remarquera que le savon se mesurait au setier, et que, par conséquent, il devait être liquide.

L'expression *mediante quadragesima* signifie évidemment la mi-carême, de même que, dans Palladius, *junio mediante* signifie la mi-juin [3].

60. *Nequaquam de potentioribus hominibus majores fiant, sed de mediocribus qui fideles sint.*

J'ai déjà eu l'occasion de parler (§ 10) de la disposition contenue dans cet article, par laquelle Charlemagne préfère, pour maires de ses terres, des hommes sûrs à des hommes puissants.

61. *Ut unusquisque judex quando servierit, suos bracios ad*

1. Voy. les tables des Capitul. de Baluze, au mot *Canis*.
2. Ansegisi *Capitul.*, I, 158, et II, 33 (Bal., II, 35).
3. Pallad., *mart.*, I, 32.

palatium ducere faciat; et simul veniant magistri, qui cervisam [1] *bonam ibidem facere debeant.*

Il a été aussi question, dans notre commentaire sur le § 29, des *magistri* ou maîtres brasseurs mentionnés ici. Je n'ai rien de plus à en dire, et je ne répéterai pas non plus ce que j'ai dit ailleurs des *bracii,* du *brace* ou *bracium,* que nous désignons aujourd'hui sous le nom de *malt.*

62. *Ut unusquisque judex per singulos annos ex omni conlaboratione nostra, quam cum bubus quos bubulci nostri servant, quid de mansis qui arare debent, quid de sogalibus, quid de censis, quid de fida facta vel freda, quid de feraminibus* [2] *in forestis nostris sine nostro permisso captis, quid de diversis conpositionibus; quid de molinis, quid de forestibus, quid de campis* [3], *quid de pontibus vel navibus; quid de liberis hominibus et centenis qui partibus fisci nostri deserviunt* [4]; *quid de mercatis; quid de vineis; quid de illis qui vinum solvunt; quid de feno; quid de lignariis, et faculis; quid axilis* [5], *vel aliud materiamen; quid de proterariis* [6]; *quid de leguminibus; quid de milio, et panigo; quid de lana, lino, vel canava; quid de frugibus arborum; quid de nucibus, majoribus vel minoribus; quid de insitis ex diversis arboribus; quid de hortis; quid de napibus; quid de wiwariis* [7]; *quid de coriis; quid de pellibus; quid de cornibus; quid de melle et cera; quid de uncto, et siu, vel sapone; quid de morato, vino cocto, medo, et aceto; quid de cervisa; de vino novo et vetere; de annona nova et vetere; quid de pullis et ovis, vel anseribus, id est aucas; quid de piscatoribus, de fabris, de scutariis, vel sutoribus; quid de huticis* [8], *et confinis, id est scriniis; quid de tornatoribus, vel sellariis; de ferrariis* [9] *et scrobis, id est fossis ferrariciis, vel aliis fossis* [10], *plumbariciis; quid de tributariis; quid de poledris, et*

1. Ce nom est plus souvent écrit *cervisia,* comme dans Pline.

2. Nous avons déjà vu *feramina* au § 36.

3. Legendum esse videtur *cambis.* V. supra, p. 178, l. 49. Pertz. C'est un passage du *Breviarium,* aux deux tiers du § commençant par *Invenimus in Asnapio.*

4. *Deserviunt* est employé au § 47.

5. Germ. *Schindeln.* Pertz.

6. Vox obscura; Cangii conjectura *petrariis* ob sententiarum nexum admitti posse non videtur. Tresenreuter *petariis* a voce *peta* germ. *torf* legit; haud male. P.

7. *Uuiuuariis,* Cod. Cf. cap. 65. P.

8. Cista major. P.

9. Officina ferraria. P.

10. Distinctio hic jam deleta est. P.

pultrellis [1], *habuerint, omnia seposita distincta et ordinata, ad nativitatem Domini nobis notum faciant, ut scire valeamus, quid vel quantum de singulis rebus habeamus.*

Nous trouvons ici le détail des travaux et des produits compris, sous le nom de *conlaboratus,* aux §§ 6, 30 et 33. On peut diviser les produits en plusieurs branches, savoir : l'agriculture, l'horticulture et les bois; les moulins, rivières et étangs; les brasseries; les haras; les porcheries, la basse-cour, les abeilles; la laine, les peaux, les cornes et la graisse des animaux; le savon, les métiers, les mines; les droits payés par les hommes libres, les droits de justice, de marché, de paisson et de navigation, les péages et les tributs.

Les produits ne sont pas rangés suivant leur nature, et l'on en peut observer, dans le capitulaire, un assez grand nombre qui ne sont point rappelés dans notre paragraphe. Je citerai, pour exemples, la plus grande partie du bétail du § 23; la plupart des provisions de bouche du § 34, et plusieurs du § 44, telles que le fromage et le beurre; les oiseaux du § 40; les objets fabriqués dans les gynécées (§§ 31, 43, 49) et par diverses sortes d'artisans (§ 45); quelques meubles, outils et armes des §§ 42, 64 et 68; etc.

Quoique la plupart des mots du texte se traduisent sans difficulté, plusieurs expressions ont besoin d'être expliquées, et il y a quelques termes dont il me semble bien difficile de connaître la signification.

Anton ne paraît pas avoir compris le sens de ce passage: *ex omni conlaboratione nostra, quam cum bubus, quos bubulci nostri servant, quid de mansis qui arare debent,... habuerint,* devant lequel on doit sans doute suppléer le mot *quid,* pour avoir le premier régime du verbe *habuerint,* rejeté vers la fin du paragraphe. Il l'entend du produit des bœufs et de celui des manses cultivés. Et d'abord je ne vois pas trop quel peut être ce produit des bœufs. Ensuite il suppose que les manses, dont il s'agit, sont ceux du domaine royal; car des manses étrangers n'auraient, avec son interprétation, rien à faire ici. Enfin il traduit comme s'il y avait *arari,* et non *arare,* qui est aussi bien dans Bruns que dans Pertz. Il revient donc à la leçon des anciennes éditions, trompé sans doute par une note de Bruns, qui, après avoir imprimé

1. Bruns a conservé *pulrellis* des anciennes éditions.

arare dans son texte, met en note : *ms. arari.* Mais, avec cette dernière leçon, la phrase deviendrait pour moi inintelligible ; et d'ailleurs, si M. Pertz, après avoir collationné le manuscrit, et avoir eu le livre de Bruns sous les yeux, a imprimé *arare*, sans aucune observation, c'est que ce verbe était ainsi écrit. J'ajoute que, par le produit des bœufs et des manses, on ne peut entendre des céréales, vu que les céréales ont une mention à part dans le texte, et qu'on ne doit pas supposer qu'on ait écrit deux fois la même chose dans le même paragraphe.

Je m'écarterai donc encore ici du sens adopté par Anton, et j'entendrai ce passage des labourages des terres du domaine royal, faits d'un côté par les bœufs du roi, de l'autre par les manses tributaires assujettis à ce service. Et, en effet, les labours dus au seigneur par ses tenanciers sont marqués, dans les polyptyques. avec le même soin que les redevances.

Les *censa* pourraient embrasser les diverses espèces de cens, payés, ou en argent ou en nature, à quelque titre que ce soit ; toutefois, j'aime mieux n'appliquer ce nom, comme dans le § 36, qu'aux cens payés pour le droit de paisson dans les bois du roi, non-seulement parce que la mention des *censa* vient immédiatement après celle des porcs ; mais encore parce que les autres cens peuvent facilement rentrer dans les articles qui suivent.

L'expression *de fida facta* a été le sujet de plusieurs interprétations. Tresenreuter, au lieu de *fida*, lit *feda* avec les anciens éditeurs, et fait ce mot synonyme de *feida*, qu'il confond avec le wirgeld et les autres compositions ; ce qui n'a plus besoin aujourd'hui d'être réfuté. Kinderling penche pour la leçon *de fide fracta*, mais n'éclaircit rien. Anton, qui lit *de fide facta*, traduit par *von geschlossenen Vergleichen*, et explique, en note, qu'il s'agit des droits payés pour un jugement rendu ou pour un accord conclu à la suite d'un différend.

J'adopte volontiers cette explication. A la vérité, au lieu de *fide*, qui est dans Bruns, on lit *fida* dans le manuscrit, suivant l'autorité de M. Pertz ; mais si *fide* n'est pas la vraie leçon, on peut néanmoins l'admettre comme correction d'une faute assez ordinaire chez les mauvais copistes, et occasionnée ici par la terminaison du mot suivant, *facta*. Il y a, en outre, un motif particulier à faire valoir en faveur de cette correction : c'est que *fides facta* est une expression qui se rencontre assez fréquemment dans les documents anciens, et, entre autres, dans toutes les rédactions de la loi salique. Chacun des nombreux textes de cette loi contient même un titre ayant pour rubrique ou les mots *de fide facta*, qui appartiennent aux plus anciennes rédactions, ou ceux-ci, *de eo qui fidem factam alteri reddere noluerit*, que nous lisons dans la rédaction de Charlemagne [1]. Or les mots *fidem facere* signifient, en général, ainsi que le confirme M. Pardessus, contracter une obligation [2]; et d'après le titre dont il s'agit, celui qui ne remplissait pas son engagement envers un créancier était contraint judiciairement de lui payer sa dette et de plus une indemnité dont le comte avait sa part. Ainsi les engagements violés ou éludés donnaient lieu à des indemnités ou amendes, suivant la législation des Francs saliens; et si l'engagement avait été pris entre des hommes du roi, ce qui est le seul cas à supposer dans notre capitulaire, il n'est pas douteux que la portion de l'indemnité due au juge ne profitât exclusivement au trésor royal; attendu que les affaires de ces hommes n'étaient pas de la compétence du juge ordinaire, et qu'ils étaient eux-mêmes soumis à une juridiction exceptionnelle et domestique, en rapport avec leur condition ordinairement servile. Toujours est-il que la violation de la *fides facta*, sinon l'acte même de l'engagement, était une source de revenus pour le roi, et qu'il est naturel qu'il en soit tenu compte dans le paragraphe qui nous occupe.

Le mot suivant, *freda*, est rendu par *friede*, la paix, dans la traduction d'Anton; mais ce mot conserve ici sa signification ordinaire, qui est celle d'amende, payée surtout dans les procès criminels, et distinguée de l'indemnité ou des dommages-intérêts. Les compositions diverses sont ensuite mentionnées sous le nom de *compositiones*.

Au lieu de *campis*, M. Pertz propose de lire *cambis*, qui se trouve dans le *Breviarium;* mais, quelque ingénieuse que soit cette correction, je ne pense pas qu'on doive l'adopter, par la raison que la bière, *cervisa*, qui est le produit des *cambæ* ou brasseries, est elle-même mentionnée ci-après. Je préfère donc la leçon du texte, *campis*, contre laquelle je ne vois rien d'un peu grave à objecter. Les revenus des champs ou terres cultivées figurent d'autant mieux dans le compte, que ceux des forêts et des vignes y sont indiqués; peut-être, d'ailleurs, qu'il s'agit ici du champart,

1. Tit. 52.
2. Pard., *Loi sal.*, p. 394, note 567.

araticum. On ne peut non plus considérer comme un double emploi la mention du blé nouveau et du blé ancien, qui viendra tout à l'heure, attendu que ce blé peut provenir, au moins en partie, de certaines redevances des tenanciers, et non pas uniquement de la récolte des champs du domaine.

Les droits payés pour le passage des ponts, *pontatica*, ceux de navigation, *ripatica*, *telonea navalia*, et les droits de marché, qui suivent, sont l'objet d'un règlement de l'an 820, dont je rapporterai la plus grande partie pour servir d'éclaircissement à notre paragraphe.

Ut nullus teloneum exigat, dit Louis le Débonnaire, *nisi in mercatibus ubi communia commercia emuntur et venundantur; neque in pontibus, nisi ubi antiquitus telonea exigebantur; neque in ripis aquarum, ubi tantum naves solent aliquibus noctibus manere; neque in silvis, neque in stratis, neque in campis, neque subter pontem transeuntibus, nec alicubi, nisi tantum ubi aliquid emitur aut venditur qualibet causa ad communem usum pertinens. Et ubi emptor cujuslibet utitur herba aut lignis aut aliis villaticis commodis, cum eo cujus sunt quibus utitur, agat juxta æstimationem usus, et quod justum est de tali re, illi persolvat..... Cæterum, sicut superius dictum est, nisi in memoratis locis nemo a quolibet exigat telonea. Et si quis fecerit contra hæc præcepta nostra, sciat se esse damnandum LX summa solidorum*[1].

Quid de liberis hominibus et centenis [*eorum*] *qui partibus fisci nostri deserviunt*. Tresenreuter propose de lire *centenariis*, au lieu de *centenis*, et entend par ces *centenarii* les hommes du fisc attachés à des centaines, définition que rien ne confirme. Bruns et Kinderling ne donnent aucune explication. Anton traduit ainsi : *Was non freien und zentbaren Leuten*, etc., en rendant le mot *centenis* par un adjectif allemand à peu près inexplicable. Quoique le mot latin n'ait pas ici un sens très-clair, il me semble qu'on en doit faire un substantif, et le pluriel du féminin *centena*, qui signifie soit un district, soit une agrégation appelée centaine. Alors *centenis qui* sera pour *centenis eorum qui*, de même que, au § 8, *de villis nostris qui vinum debent*, est pour *de villis nostris eorum qui*, etc. Il s'agirait donc de droits payés par les hommes libres et par les centaines chargées de services ou de redevances au profit du roi. Ce qui suppose ou que des

1. *Capitul. Aquisgr. a.* 820, c. 1; dans Bal., I, 621; Pertz, I, 228 et 229.

cantons étaient assignés, dans les terres royales, aux hommes libres qui desservaient celles-ci, ou que ces hommes formaient entre eux des associations particulières, semblables aux centaines de Childebert II [1] et de Clotaire II [2], et comparables aux décanies ou dizaines formées par les colons et les serfs dans les deux plus grands fiscs de l'abbaye de Saint-Germain [3].

Quid de vineis désigne la récolte des vignes seigneuriales; et *quid de illis qui vinum solvunt*, le vin dû par les tenanciers.

Lignarium est un tas de bois à brûler, un bûcher; *facula*, une torche faite avec des bois résineux ou avec de l'écorce de certains arbres [4]; *axilus*, *axilis*, *axiculus*, une planche ou volige [5]; *materiamen*, du bois d'œuvre.

Le mot suivant *proterariis* est assez embarrassant à expliquer. Comme les anciennes éditions portent *pterariis*, Du Cange a pensé qu'on devait lire *petrariis*, par une simple permutation de lettres, et que ce mot signifiait des carrières. Tresenreuter, sans rejeter cette explication, songe au mot *petaria*, qui veut dire un lieu d'où l'on extrait un gazon noir appelé *petæ*, en allemand *Torf*, en français *tourbe*. Ce dernier sens, quoiqu'il soit approuvé par M. Pertz, soulève d'assez graves objections : premièrement on ne l'obtient qu'en touchant au texte; secondement les mots *petæ* et *petaria* ne se trouvent pas employés avant le treizième siècle au plus tôt, ni ailleurs, que dans des documents écossais : or, peut-on s'en servir avec confiance pour expliquer un texte rédigé sous Charlemagne, et relatif à des pays voisins du Rhin? Anton s'en tient à *proterariis*, et le traduit par *Aekern*, des champs, après avoir déjà mentionné le produit des bœufs, c'est-à-dire des champs, et avoir traduit *de sogalibus* par *von Akerzinsen* (des cens agraires), et *de campis* par *von Feldern* (des champs), sans songer qu'il aura tout à l'heure à enregistrer le produit des moissons. Voilà donc, d'après sa manière de traduire, un produit qui entrerait cinq fois dans le compte demandé par notre paragraphe. Et cependant *proterariis*, qui doit être la bonne leçon, attendu qu'elle est justifiée par d'autres documents anciens,

1. *Decretio*, §§ 11 et 12; dans Bal., I, 19; Pertz, I, 10.
2. *Decretum*, § 1; dans Bal., *ibid.*; Pertz, I, 11.
3. Voy. l'*Irm.*, proleg., § 24, et t. II, p. 76, § 1; p. 78, § 9; p. 85, col. 2; p. 96, col. 1, etc.; p. 245, § 1; p. 253, col. 1, etc.
4. Voy. l'*Irm.*, prol., § 394.
5. Voy. *ib.*, § 393.

concernant des possessions situées de même près du Rhin, désigne vraisemblablement une certaine espèce de terre. En effet, dans une charte de l'an 764, on lit : *In ducato Alamannorum, in pago Brisagaviensis,... terris seu proterrariis, domibus, ædificiis, mancipiis, vineis, silvis, casis, casalis, campis, pratis, pascuis,* etc.[1]. De plus, une notice de l'an 1060, sur la restauration de l'abbaye d'Eschau, non loin de Strasbourg, contient le passage suivant : *Insulam [quæ vocatur Hoscowia],... cum domibus, ædificiis, curtis, pomiferis, mancipiis, vineis, silvis, campis, terris, proterrariis, farinariis, pascuis*[2]. Il est évident que dans ces exemples, cités par Du Cange, *proterrariis* ne peut signifier que des terres d'une certaine espèce; et, comme il est distingué de *terris*, de *campis* et de *pascuis,* il me semble qu'il sert à désigner des terres incultes, et que les mots *terris* et *proterrariis* répondent à cette expression, *terris cultis et incultis*, qui se présente si souvent dans les chartes. On pourrait aussi conjecturer que *proterarium* a le même sens que le mot *area* ou *arealis*, qui entre fréquemment dans les énumérations de biens; mais je ne m'arrêterai pas à cette conjecture, qui me paraît être plus hasardée, et, revenant à ma première explication, je conclurai en disant que le *quid de proterariis* de notre paragraphe peut s'entendre du produit des terres vaines, c'est-à-dire des droits de vaine pâture ou autres semblables.

Napibus est pour *napis*, navets. D'après Anton, les mots *siu vel sapone* ne désignent qu'une seule chose, le savon, comme s'il y avait *siu, id est sapone*, le terme de *siu* ou *siv* répondant à l'allemand *Seife*, savon. Mais je préfère l'explication de Bruns, qui donne à *vel* la valeur de *et*, ce qui est en effet sa valeur ordinaire, et qui entend par *siv* du suif, *sevum*.

On a vu, au § 34, ce que c'était que le *moratum* et le *medum*. Les *scutarii*, dont il a déjà été question au § 45, sont appelés *escuciers* dans la *Taille de* 1292[3]. C'étaient des fabricants d'écus ou boucliers, *scuta*. « *Scutarii*, dit Jean de Garlande, *prosunt civitatibus totius Galliæ, qui vendunt militibus scuta tecta tela, corio et oricalco, leonibus et foliis liliorum depicta* »[4].

Au lieu de la leçon *huticis*, adoptée par M. Pertz, on lit dans

1. *Charta Chrodardi,* dans Félib., *Hist. de S. Denis*, pr., p. 29, n. 42.
2. *Gall. chr.*, t. V, *instr.*, col. 473.
3. Géraud, *Paris sous Philippe le Bel*, p. 507.
4. *Ibid.*, p. 588.

les anciennes éditions, *buticis*, que Bruns a encore conservé, tout en avertissant qu'on peut aussi lire *huticis*. *Hutica* est une espèce d'armoire ou de buffet, que l'on désigne vulgairement sous le nom de huche, et qui sert, ou qui servait à faire ou à serrer le pain. Les huchiers ou fabricants de huches figurent dans les *Ordonnances sur les métiers* [1], et dans la *Taille de* 1292 [2]. *Confinus*, pour *cophinus*, signifie un coffre, une boîte, un étui, et non plus une corbeille. La même signification est donnée par notre texte au mot *scrinium*. Les fabricants d'écrins ou d'étuis étaient appelés *escriniers* [3]. Les *sellarii* sont les selliers.

Dans la phrase suivante, le mot *ferrariis*, qui n'est pas expliqué par Tresenreuter, ni traduit par Anton, est pour *officinis ferrariis;* c'est l'interprétation de Kinderling, adoptée aussi par M. Pertz. *Scrobis* (au lieu de *scrobibus*) est l'équivalent de *fossis*, comme le texte l'indique. Joint aux adjectifs *ferrariciis* et *plumbariciis*, il désigne des mines de fer et des mines de plomb.

Charlemagne, après avoir ainsi enjoint à ses intendants de lui adresser chaque année, à Noël, un compte exact, clair et méthodique de tous les produits de ses domaines, revient sur toutes les prescriptions qu'il leur a faites, et les avertit avec bonté de ne pas les trouver trop rigoureuses ; car il veut que tout ce qu'il requiert d'eux, ils le requièrent pareillement eux-mêmes, et sans dureté ou sans injustice, des officiers placés sous leurs ordres. C'est ce qui est exprimé dans le paragraphe suivant :

63. *De his omnibus supradictis, nequaquam judicibus nostris asperum videatur si hoc requirimus; quia volumus ut et ipsi simili modo junioribus eorum omnia absque ulla indignatione requirere studeant; et omnia quicquid homo in domo sua, vel in villis suis habere debet, judices nostri in villis nostris habere debeant.*

Il semblerait, selon la remarque d'Anton, que le capitulaire se terminait ici primitivement, et que les articles suivants ont été ajoutés plus tard par le roi.

64. *Ut carra nostra quæ in hostem pergunt, basternæ bene factæ sint, et operculi bene sint, cum coriis cooperti; et ita sint consuti, ut, si necessitas evenerit, aquas ad natandum, cum ipsa expensa quæ intus fuerit, transire flumina possint, ut ne-*

1. Depping, p. 373.
2. Géraud, p. 517.
3. Depping, p. 375 ; Géraud, p. 506.

quaquam aqua intus intrare valeat, et bene salva causa nostra, sicut diximus, transire possit. Et hoc volumus, ut farina in unoquoque carro ad spensam nostram missa fiat, hoc est duodecim modia de farina; et in quibus vinum ducunt, modia XII ad nostrum modium mittant; et ad unumquodque carrum scutum et lanceam, cucurum, et arcum habeant.

Les anciens éditeurs et les traducteurs ajoutent la conjonction *et* devant *basternæ;* Bruns fait de même, en avertissant qu'elle manque dans le manuscrit. Mais il me semble que cette conjonction, loin d'être nécessaire, est repoussée par le texte, qui ne suppose qu'une seule espèce de chars (*carra* pour *carri*), savoir ceux qu'on désignait sous le nom de basternes, et qui servaient au roi et à sa maison, dans ses guerres. Ils devaient être recouverts de cuirs, de manière qu'ils fussent en état de nager sur les eaux et de traverser les fleuves, sans dommage pour les provisions et les armes qu'ils portaient. Quoique la rédaction soit assez incorrecte, le sens général a peu d'obscurité; mais il n'est pas facile de déterminer la forme de ces chars de guerre.

La seule difficulté est dans les mots *operculi cooperti cum coriis et consuti.* Que devons-nous entendre, en effet, par ces opercules couverts ou recouverts de cuirs et cousus ensemble? D'abord s'agit-il uniquement de la couverture supérieure des chars? Évidemment non; car à quoi aurait-il servi, pour faire passer l'eau à des chars, de les fermer et garnir de cuirs par en haut seulement? Certes, si une pareille précaution était nécessaire, c'était surtout pour les parties basses, destinées à plonger dans l'eau. Il fallait donc que les opercules fussent aussi placés sur les côtés et peut-être même encore sur le fond des chars. Ce point me paraît difficile à contester.

Ensuite, de quoi pouvaient-ils être faits? ce n'était pas de planches ni d'osier, par exemple; puisqu'on devait les coudre ensemble, c'était nécessairement de toile ou de drap, les seules matières, avec le cuir, dont on les doublait, qui fussent susceptibles d'être cousues. Par conséquent, les *operculi* auraient consisté, non dans des cerceaux, comme le veut Anton, mais dans des pièces de toile ou de drap, étendues sur le haut et sur les côtés des chars, à l'exception, toutefois, de la partie antérieure et supérieure, qui devait rester libre pour le service et la conduite. Mais alors je dois faire observer que, les opercules étant dits recouverts de cuir, le cuir n'était sans doute considéré que comme l'accessoire, attendu qu'il aurait été évidemment la partie principale de la couverture, si les *operculi* n'avaient été formés que d'un simple tissu de fil ou de laine. Il me semble donc difficile de donner aux opercules si peu d'épaisseur et de solidité, et de ne pas croire qu'ils étaient composés vraisemblablement d'une espèce de fond rembourré et piqué, d'une telle consistance, que le cuir appliqué par-dessus pouvait être considéré comme une doublure.

On conçoit, au reste, que des chars ainsi construits pouvaient passer les fleuves, à la manière d'un bac, au moyen d'une traille ou corde tendue d'une rive à l'autre. Il a déjà été question, au § 30, des chars de guerre, sur lesquels on pourra voir ce que nous en avons dit dans l'*Irminon* [1].

L'expression *aquas ad natandum* ne peut s'expliquer grammaticalement ; mais le sens en est parfaitement clair ; c'est comme s'il y avait (*necessitas*) *aquas transnatandi* ou *transnandi*.

On a vu, au § 24, qu'on devait entendre ici par *expensa* les provisions, et par *spensa* la consommation. Anton traduit le premier par *Gepäke* (paquets, bagages), ce qui est un terme trop général ; et le second par *Spende*, qui revient au sens que je propose.

On observera que le mot *causa* doit se traduire par *chose*, comme aux §§ 5 et 58 ; que le verbe *fiat* est employé pour l'auxiliaire *sit*, de même qu'au § 65 qui suit, et que *cucurum* signifie un carquois, *pharetra*, en allemand *Köcher*, κούκουρον chez les Grecs du Bas-Empire.

65. *Ut pisces de wiwariis nostris venundentur, et alii mittantur in locum, ita ut pisces semper habeant ; tamen quando nos in villas non venimus, tunc fiant venundati, et ipsos ad nostrum profectum judices nostri conlucrare faciant.*

Si l'on s'attache aux mots du texte, on le traduira à peu près de cette sorte : « Que les poissons de nos viviers soient vendus, et que d'autres soient mis à la place, de manière que nos viviers aient toujours des poissons. Toutefois, quand nous n'allons pas dans nos terres, qu'alors ils soient vendus, et que nos intendants les fassent tourner à notre profit. »

Anton traduit autrement : « Que les poissons de nos étangs, dit-il, soient vendus, et que les restants (*die übrigen*) soient mis dans des réservoirs, *etc.* » Ainsi, il entend par *vivarius* un étang

1. I, 662 et 663.

(*Teich*), sans se rappeler la prescription faite (§ 21) par Charlemagne à ses intendants, d'avoir des *vivarii* dans ses cours, *curtes;* ce qui indique assez qu'il s'agit de viviers, de piscines, et non d'étangs; car on ne place pas des étangs dans des cours. Ensuite il rend *alii* par *die übrigen* (les restants), et suppose qu'on ne vendait pas tout le poisson, et que le reste était porté dans un réservoir, dans un trou, *ins Loch;* car c'est de cette manière qu'il explique *in locum*, expression, dit-il, qui n'est pas latine, mais allemande. Il n'est pas mieux fondé, je crois, dans son explication, que dans le sens qu'il donne à la première partie du paragraphe. Ress, dont je ne parle que d'après Anton, a tort aussi de voir dans le texte une disposition, que rien ne justifie, concernant l'empoissonnement des étangs.

Je reviens à ma traduction, qui n'ajoute et n'ôte rien au texte; il me suffira d'une simple observation, j'espère, pour la confirmer. Charlemagne, par cet article, veut trois choses : la première, que le poisson de ses viviers soit vendu et remplacé; la seconde, qu'il y ait toujours du poisson dans ses viviers, excepté quand il ne va pas dans ses terres, auquel cas le poisson doit être simplement vendu et non remplacé; la troisième, que le produit de toutes les ventes soit versé dans sa caisse. Je répète qu'il s'agit ici des viviers, et non des étangs du roi, et que les premiers étaient sans doute alimentés par les seconds.

66. *De capris et hircis, et eorum cornua et pellibus, nobis rationes deducant, et per singulos annos niusaltos crassos nobis inde adducant.*

Le mot *niusaltus* figure déjà au paragraphe 34. C'est le même que *niusaltos*, les lettres *o* et *u* ayant été fréquemment employées l'une pour l'autre. Il signifie des pièces ou de gros morceaux de chair nouvellement salée de chèvres et de boucs.

67. *De mansis absis et mancipiis adquisitis, si aliquid super se habuerint quod non habeant ubi eos collocare possint, nobis nuntiare faciant.*

On appelait *mansi absi* les manses nus ou vacants, opposés aux manses vêtus ou garnis, *mansi vestiti.* J'ai traité des uns et des autres dans l'*Irminon* [1]. Lorsque les intendants manquaient de tenanciers pour les manses sans possesseurs, ou de manses pour les serfs nouvellement acquis, ils devaient en informer le

1. Prolég., § 321.

roi. *Super se* est pour *apud se*, c'est-à-dire, *in eorum ministeri*
districtu. Il semble qu'on pourrait retrancher *habuerint quod*.

68. *Volumus ut bonos barriclos*[1] *ferro ligatos, quos in hoste* *et ad palatium mittere possint, judices singuli præparatos semp* *habeant, et buttes*[2] *ex coriis non faciant.*

Au lieu de *barriclos*, les éditions antérieures à celle c M. Pertz ont *barridos* : cela vient de la ressemblance du *cl* ave le *d*, dans l'écriture ancienne, comme dans nos textes imprimés *Barriclus* est un baril, peut-être une barrique ; *buttis* ou *butt* un vaisseau pour le vin, et *buttis ex corio*, une outre.

69. *De lupis omni tempore nobis adnuntient, quantos unu* *quisque conpræhenderit, et ipsas pelles nobis præsentare facian* *Et in mense maio illos lupellos perquirant et compræhendan* *tam cum pulvere*[3] *et hamis, quamque cum fossis et canibus.*

Quanti est souvent employé au lieu de *quot*, et nous en avon déjà vu un exemple au paragraphe 50. Sous le nom de *pulvis* o doit entendre *pulvis veneficus*, suivant la conjecture de Tresen reuter, approuvée par M. Pertz, et confirmée par d'autres docu ments[4]. Anton traduit par *Asche*, cendre.

70. *Volumus quod in horto omnes herbas habeant, id est : li* *lium, rosas, fenigrecum*[5], *costum*[6], *salviam, rutam, abrota* *num*[7], *cucumeres, pepones, cucurbitas, fasiolum*[8], *ciminum*[9] *ros marinum, careium*[10], *cicerum italicum, squillam*[11], *gladio* *lum*[12], *dragantea*[13], *anesum, coloquentidas, solsequiam*[14] *ameum*[15], *silum*[16], *lactucas, git*[17], *eruca alba*[18], *nasturtium* *parduna*[19], *puledium*[20], *olisatum*[21], *petresilinum, apium*

1. *Dolia*. Pertz. — 2. Germ. *Butte*, dolium. P. — 3. Veneno. P.

4. Voy. Du Cange, au mot *Pulvis*.

5. Germ. *Bockshorn* (Kind.), *Steinklee* (Ant.) Pertz. M. Pertz avertit qu'il s'es principalement servi, pour désigner les espèces de plantes mentionnées dans cet ar ticle, du travail de Kinderling, dans Bruns, p. 410, et de l'ouvrage d'Anton.

6. Germ. *Krausemünze; Kostwurz* (Ant.). Pertz.

7. Germ. *Everitte, Gertwurz* (Kind.); *Stabwurz* (Ant.). P.

8. Germ. *Vietzbohne*. P — 9. G. *Gartenkümmel*. P.

10. G. *Wiesenkümmel* (K.); *Karbe* (A.). P. — 11. *Meerzwiebel*. P.

12. *Siegwurz* (K.); *Schwertel* (A.)? P.

13. *Dragun* (K.); *Schlangenwurz* (A.). P.

14. *Heliotropium*. P.

15. *Bärwurz* vel ciminum æthiopicum. P.

16. Fort. seseli massiliense, herba medicinalis (K.). P.

17. *Schwarzkümmel*. P.—18. *Weisser Gartensenf*. P.

19. *Klette* (A.). P.—20. *Flöhkraut*. P. — 21. *Rosseppich*. P.

leiusticum [1], *savinam* [2], *anetum* [3], *fenicolum*, *intubas*, *diptamnum*, *sinape*, *satureiam* [4], *sisimbrium* [5], *mentam*, *mentastrum*, *tanazitam* [6], *neptam* [7], *febrefugiam* [8], *papaver*, *betas*, *vulgigina* [9], *mismalvas*, [*ibischa, id est alteas* [10]] *malvas*, *caruitas* [11], *pastenacas*, *adripias* [12], *blidas* [13], *ravacaulos* [14], *caulos*, *uniones* [15], *britlas* [16], *porros*, *radices*, *ascalonicas* [17], *cepas*, *alia*, *warentiam* [18], *cardones*, *fabas majores*, *pisos mauriscos*, *coriandrum*, *cerfolium* [19], *lacteridas* [20], *sclareiam*. *Et ille hortulanus habeat super domum suam Jovis barbam* [21].

De arboribus volumus quod habeant pomarios diversi generis; pirarios diversi generis; prunarios diversi generis; sorbarios [22], *mespilarios, castanearios, persicarios diversi generis, cotoniarios* [23], *avellanarios, amandalarios, morarios, lauros, pinos, ficus, nucarios, ceresarios diversi generis. Malorum nomina : gozmaringa, geroldinga, crevedella, spirauca, dulcia, acriores, omnia servatoria* [24]; *et subito comessura; primitiva* [25]. *Perariciis* [26] *servatoria trium et quartum genus, dulciores, et cocciores, et serotina.*

EXPLICIT CAPITULARE DOMINICUM.

Il est fait mention dans ce paragraphe de soixante-quatorze plantes herbacées et de seize espèces d'arbres, en tout quatre-

1. l. q. ligusticum; antea levisticum legebatur. P.
2. *Sadebaum* (A.). P. — 3. *Dill.* P.
4. *Bohnenkraut.* P. — 5. *Brunnenkresse* (A.). P.
6. *Reinfarn* sive *Wurmkraut*. P.
7. *Weisse Münze*, ut mentha *Gartenmünze;* mentastrum *Rossmünze* (K.), *Bergmünze* (A.). P.
8. *Klein Tausendgüldenkraut* (K.), *Fieberwuz* (A.). P.
9. *Haselwurz.* P. — 10. Secunda manu adjecta. P.
11. *Carotten, Wurzeln.* P. — 12. *Melde, Schiessmelde.* P.
13. *Erdbeermelde* (K.), *Maierkraut* (A.). P.
14. *Rübenkohl, Kohlrabi.* P. — 15. *Zwiebeln.* P.
16. *Schnittlauch.* P. — 17. *Schalotten.* P.
18. *Krapp.* P.
19. *Kerbel.* Duo sequentia incognita sunt. P.
20. *Springwurz* (A.). P. — 21. *Hauslauch.* P.
22. *Spierling, Spörling* (K.); *Eberesche* (A.). P.
23. *Quittenbaum.* P.
24. Quæ per hiemem durant. P.
25. *Frühreife.* P.
26. M. Pertz juge que le texte est altéré dans ce qui suit; mais l'altération pourrait remonter plus haut. De plus, il me semble qu'à partir de *malorum nomina*, le texte devient, par sa forme au moins, étranger à la rédaction du capitulaire.

vingt-dix plantes, dont Charlemagne prescrit la culture dans ses jardins. On peut y ajouter deux autres plantes qu'il nomme dans son *Breviarium*, savoir, l'*acrimonia*, ou aigremoine, *agrimonia officinalis* L., et la *vittonica* ou bétoine, *betonica officinalis* L. [1].

La plupart des espèces de ces plantes ont été déterminées d'une manière assez certaine; il me suffira donc de mentionner celles-ci dans ma traduction, avec leurs noms vulgaires, en y joignant la concordance linnéenne. Les autres peuvent encore être un sujet de discussion parmi les savants, et paraissent commander de nouvelles recherches. C'est de cette dernière catégorie seulement que je vais m'occuper ici. Mais, comme il n'a pas été possible, même aux botanistes, de reconnaître les espèces avec le seul secours des noms anciennement en usage, j'ai recueilli, dans quelques manuscrits, dont un ou deux remontent au temps de Charlemagne, des synonymies et des descriptions botaniques, qui semblent, à la vérité, tirées en grande partie de Dioscoride ou d'autres auteurs anciens confondus avec lui, mais qui peuvent fournir les moyens d'une détermination plus exacte. Lorsque ces données m'ont manqué ou ne m'ont conduit à rien de satisfaisant, je me suis permis de discuter les opinions diverses des commentateurs.

Je ferai d'abord observer que les plantes dont il s'agit devaient être cultivées en pleine terre et dans les domaines du roi, dont celui d'Aix-la-Chapelle était comme le centre; par conséquent, nous serons obligé d'exclure toutes celles qui auraient besoin d'être mises en serre pour pouvoir supporter l'hiver dans ce climat. Ainsi, le *costus*, qui ne croît que dans les pays chauds, ne peut être la plante appelée de ce nom dans notre capitulaire. M. Pertz en fait la menthe crépue, *krausemünze*, *mentha crispa* [2]; mais ce n'est pas une menthe proprement dite : car la menthe est mentionnée plus bas; c'est une tanaisie, comme l'a reconnu Sprengel [3], savoir, le *tenacetum balsamita* de Linné, nommé souvent *costus hortensis*, en français menthe-coq ou coq des jardins [4], en allemand *Frauenkraut* ou *Frauen-Marienwurzel* [5].

1. § 23, dans *Irm.* II, 304, et dans Pertz, I, 180.
2. Steph. Blancardi *Lexicon medicum*, p. 943, édit. de Kühn, 1832.
3. *Hist. rei herb.*, I, 219.
4. Poiret, *Hist. des plantes de l'Europe*, V, 353.
5. Blancardus, p. 1448.

Le *dragontea*, qui, suivant Sprengel [1], serait l'estragon, *artemisia dracunculus* de Linné, est désigné de bien des manières dans un manuscrit du neuvième siècle. On lit dans un endroit : *Dragontea, id est asclepias sive cronicetagantis vel proserpinale sive dorchadion* [2] ; dans un autre : *Asclepias, id est dragontea* [3]; dans un troisième : *Eminion, id est dragontea* [4] ; dans un quatrième : *Licorcon, id est draguntea* [5]; dans un cinquième : *Oricla asina, id est dragontea* [6] ; dans un sixième : *Pitemon, id est dragontea* [7] ; dans un septième : *Tytonis, id est talpiriola sive dragontea* [8]. Ailleurs, *dragontea* est donné comme synonyme des noms suivants : *asclepias, antomalis, afrissa, avogion, adrizafot* et *adila* [9]; puis de ceux-ci : *cronice, colubrina, proserpinale, dorchadion, ezogontas* et *eminion* [10]. Enfin le même manuscrit contient ce passage : *Dracontea vocata, quod arta ejus varia sit in modum colobri, similitudinemque draconis imitetur, vel quod herbam eam vipera timeat* [11]. Je me contente de rapporter ces diverses dénominations, sans chercher à les expliquer. Je signalerai seulement celle de *colubrina*, qui peut déjà mettre sur la voie. Mais je trouve, dans un manuscrit du quatorzième siècle, un moyen assuré de résoudre la question. L'article sur le *dragontea* est à la vérité dépourvu, comme presque tous ceux qui concernent les autres plantes, de la description des caractères botaniques ; mais il est accompagné d'une figure coloriée, assez bonne pour le temps. Or, cette figure ne ressemble en rien à l'estragon, tandis qu'elle ressemble très-bien à la serpentaire, *arum dracunculus*, de Linné, tel qu'elle est dessinée dans l'ouvrage de Weinmann [12]. De plus on lit dans le texte : *Serpentaria calida est et sicca; alio nomine draguntea, colubraria, asclepias*, etc., *vipe-*

1. I, p. 220.
2. Bibl. imp., suppl., lat. 1319, fol. 175.
3. Fol. 173'.
4. Fol. 176.
5. Fol. 177'.
6. Fol. 178.
7. Fol. 179.
8. Fol. 180'.
9. Fol. 182'.
10. Fol. 187, 188, 188' et 189'.
11. Fol. 203'.
12. *Phytanthosa iconographia*, t. I, p. 176.

rina [1]. Le *dragontea* est donc, non pas l'estragon, mais la serpentaire, comme Anton l'avait déjà reconnu.

Tresenreuter et Kinderling entendent par *ameum* soit l'ammi ou cumin d'Éthiopie, *sison ammi* L., soit le *Bärvurz* ou *athamanta meum* L.. Anton et Sprengel adoptent le premier. Et, en effet, dans le manuscrit du neuvième siècle on lit : *Ameu, id est pede milvinu*, et plus loin : *cuminum etyopicum* [2]. Mais je croirais plutôt qu'il s'agit du second, parce qu'il est encore appelé chez nous méon ou méum, et que ce nom répond bien mieux que celui d'ammi au latin *ameum*. Ces deux plantes avaient d'ailleurs une grande réputation en médecine.

Le *silum* serait le séseli de Marseille, *seseli tortuosum* L., d'après Blancard [3], suivi par Tresenreuter et Kinderling. Sprengel en fait la berle à feuilles étroites, *sium angustifolium* L.. Anton déclare que cette plante lui est inconnue. Le manuscrit du neuvième siècle a : *Sisellius, id est siles montanus* [4] ; et plus loin : *Silus, id est psillius* [5]. On trouve aussi dans un autre manuscrit de la Bibliothèque impériale, que le catalogue rapporte au dixième siècle, mais qui peut être du siècle précédent : *Sessillius, id est siles montanus* [6]. Cette synonymie, donnée par deux manuscrits anciens, paraît favorable à l'opinion de Blancard. L'autre synonymie fournie par le premier manuscrit semblerait désigner le *plantago psyllium* L., qui est une espèce de plantain, appelée vulgairement l'herbe-aux-puces. Quant à la berle de Sprengel, c'est une plante aquatique fort commune, qu'on n'a guère eu besoin de cultiver dans les jardins.

Le cumin noir des Allemands, *schwartz Kümmel*, appelé en anglais *gith*, en français cheveux de Vénus ou patte d'araignée, et par Linné *nigella damascena*, répond à la plante nommée *git* dans notre texte. Le manuscrit du neuvième siècle a : *Melantium, id est gitto* [7] ; et le *melanthium* n'est autre que le *nigella*.

Il n'y a pas de doute qu'on doit entendre par *nasturtium* le

1. Cod. reg. 6823, fol. 143.

2. Fol. 181' et 187'. Dans le ms. lat. 6823 du quatorzième siècle, nous lisons, fo 223 : *Ciminum Ethiopum quidam dixerunt git, falso, sed est nigella.*

3. *Lex med.*, p. 1354.

4. Fol. 179'.

5. Fol. 180.

6. Anc. fonds lat. 6882 A, fol. 10'.

7. Fol. 177' et 191.

cresson alénois ou nasitort, *lepidium sativum* L.. Le nom de cresson nous est donné par le même manuscrit : *Nasturtium, id est cardamon vel crissonus* [1].

Il n'est pas aussi certain que l'*apium* réponde à notre céleri, *apium graveolens* L., dont la culture ne paraît pas aussi ancienne. Cependant, si nous l'entendions du céleri sauvage ou ache proprement dite, très-célèbre dans les jeux et cérémonies de l'antiquité, on se demanderait comment Charlemagne aurait prescrit de cultiver une plante qui croît naturellement dans tous les lieux humides, qui n'a d'ailleurs rien d'agréable et dont on purge avec soin les jardins?

Diptamnum est, sans aucun doute, pour *dictamnum ;* mais à quelle plante devons-nous appliquer ce nom? est-ce au muguet anguleux, vulgairement sceau de Salomon, *convallaria polygonatum* L., qui croît dans nos bois, ou à l'origan dictame, autrement dictame de Crète, *origanum dictamnus* L., depuis longtemps cultivé dans les jardins? On ne peut d'ailleurs songer à la fraxinelle, qui n'a été appelée *dictamnus* (*albus*) que par les modernes. Anton, sur la seule autorité du glossaire de saint Blaise, dans lequel *diptamus* est traduit par *Wisuurz,* entend le sceau de Salomon, désigné en effet sous le nom de *Weiswurz* par les Allemands. Le savant botaniste Sprengel propose, mais avec réserve, l'*origanum dictamnus.* Notre manuscrit du neuvième siècle nous fournit un si grand nombre de synonymies, que je ne sais à laquelle on doit s'arrêter. Nous y lisons, en effet : *Dictamnus, id est leporis auricula vel drochadion sive didemus* [2]; et plus loin : *Dictamnus, id est pusillio sive pullicaris vel labrum Veneris* [3]; ensuite, *artes*, *id est dictanu* [4]; ailleurs encore *dictamnus* est donné comme synonyme de *bubuleos,* de *condrisu*, d'*empimeron,* d'*eleacotocus* et de *dipsagos* [5]. Je ne me hasarderai pas à discuter ces noms, qu'il est, je crois, difficile de faire accorder entre eux, quoique la plupart se retrouvent dans les éditions de Dioscoride, et dont quelques-uns paraissent se rapporter à d'autres plantes que le *dictamnus;* par exemple, le dipsacus, δίψαχος, appelé aussi *labrum Veneris,* qui est le chardon

1. Fol. 178.
2. Fol. 175.
3. Fol. 175'.
4. Fol. 182.
5. Fol. 185, 187, 188' et 189'

à foulon, *dipsacus fullonum*. Enfin, dans le même manuscrit, et sous ce titre : *De herbis Galieni, Apollonii et Ciceronis*, on lit : *Diptamnum, hoc est puleium Martis. Sucus ejus in lana matricis subpositus menstrua provocat, fetus corruptus expellit; et si quid corpore inheserit, foliis ejus tritis, imponitur sucus ejus omnibus morsibus, et venena expellit cum vino potata* [1]. Le manuscrit du quatorzième siècle contient aussi le passage suivant : *Diptamus sive diptamum... quod alio nomine a Grecis dicitur artis,... alii dorcadion, Italii tussilla rustica,... herba est, cujus triplex est maneries, scilicet domestica et silvestris, que unam habet virtutem... In locis calidis et frigidis reperitur.... [Radix] virtutem habet consumendi et attrahendi venenum* [2]. Or, ces deux passages se rapportent au dictame de Dioscoride; le nom de cet auteur est même cité dans le second. Il s'agit donc certainement du dictame des anciens, c'est-à-dire de l'*origanum dictamnus*, comme le soupçonnait Sprengel, et je ne dois pas hésiter à suivre cette opinion. Le manuscrit du dixième siècle contient ces mots : *Diptamnus, id est leporis auricola* [3], que nous avons déjà lus dans le manuscrit du neuvième. On donne aujourd'hui le nom d'oreille de lièvre au buplèvre en faucille, *buplevrum falcatum* L., qui est une plante très-commune et qu'on n'a jamais eu grand besoin de cultiver.

Anton fait du *sisymbrium* le cresson de fontaine, *sisymbrium nasturtium* L., et Sprengel la menthe sauvage, *mentha sylvestris* L. L'une et l'autre attribution peuvent se défendre avec Pline, qui applique le nom de *sisymbrium* tantôt au cresson de fontaine, tantôt à une ou deux menthes [4]. Le manuscrit du neuvième siècle donne aussi pour ce nom plusieurs synonymes assez peu dignes de confiance, comme à l'ordinaire; les voici : *Sisimbrius, id est balsemita vel eraclea sive sisacron* [5], auxquels il faut encore ajouter *cardampne* [6]. Si nous consultons Vincent de Beauvais, nous y trouvons ce passage : *Sisimbrium idem est quod mentastrum.* PLATEARIUS : *Sisimbrium, quod alii serpillum vocant, agresti majus est. Nascitur*

1. Fol. 211.
2. Cod. reg. 6823, fol. 57'.
3. Cod. 6882 A, fol. 20.
4. Plin. XIX, 8, 55, et XX, 22, 91.
5. Fol. 179' et 188'. Le ms. 6882 A, fol. 10' : *Sisimbrius, id est balsemita vel eraclea.*
6. Fol. 187'.

in locis cultis et aquosis, et est idiasmo simile, sed eo est odoratius et foliis latioribus, quæ multi in coronas componunt. AUCTOR : *Sisimbrium ab auctoribus non solum dicitur mentastrum, sed etiam menta, videlicet domestica* [1]. Cet extrait de Vincent de Beauvais, et la citation qui le précède, nous conduisent à rapporter le *sisymbrium* à une menthe, et non pas à un cresson ; ce qui semble d'abord confirmé par la place qu'il occupe dans le paragraphe. Mais, comme on ne peut le confondre avec le *menthastrum*, ni avec la menthe domestique ou des jardins, qui figurent aussi dans notre paragraphe, je le rapporterai, soit à la menthe sauvage, avec Sprengel, soit à la menthe aquatique, *mentha aquatica*, L.

Le *mentastrum* est, en outre, appelé, dans le manuscrit du neuvième siècle, *chonos apollonos, elecoagion, losarus, calamites* [2], et ailleurs, *menta alba* [3]. Ce serait la menthe sauvage, suivant Anton, et, suivant Sprengel, la menthe aquatique ; mais, outre que nous venons de rapporter l'une ou l'autre de ces espèces au *sisymbrium*, la menthe à feuilles rondes, *mentha rotundifolia* L., nous paraît préférable : d'abord parce qu'elle est désignée sous le nom de menthastre par des botanistes ; ensuite parce que le nom de *mentha alba*, qui lui est donné par notre manuscrit, est justifié par ses feuilles blanchâtres et par ses fleurs blanches, tandis que ces caractères ne se présentent pas ou ne sont pas aussi bien marqués dans les deux autres menthes [4].

Le *febrefugia*, qui répond à la petite centaurée, *gentiana centaurium* L., est ainsi mentionné, avec son nom allemand, dans notre ms. du neuvième siècle : *Centauria minor, id est febrefugia, Grintwurz* [5]. Plus loin, elle est appelée deux fois *matrona* [6].

Nous donnons le nom de cabaret, *asarum europæum* L., à la plante désignée ici sous nom de *vulgigina*. Le ms. du neuvième siècle contient les synonymies suivantes : *Asarum, id est radix vulgagine vel bacarus* [7]; *Asaru, id est bacara sive vulgagine* [8];

1. *Specul. natur.*, IX, 135, col. 652, ed. Duaci 1624.
2. Fol. 175, 176, 177' et 186'.
3. Fol. 178.
4. Toutefois, la menthe à feuille ronde présente une variété à fleurs rougeâtres.
5. Fol. 174'.
6. Fol. 176' et 191.
7. Fol. 173.
8. Fol. 181'.

Atanacas, id est herba lasaris, vulgaginis[1]. La même plante est appelée par du Cange *vulgago*, d'après un passage assez curieux de Fulbert de Chartres.

D'après Kinderling, la plante nommée en allemand *Erdbeermelde*, qui est le *blitum capitatum*, et que nous appelons blette en tête ou épinards-fraises, répondrait au *blidæ* de notre texte. Sprengel en fait l'amarante blette, *amaranthus blitum* L., et son opinion me paraît avoir plus d'autorité.

Le *britlæ* est probablement la même plante que le *brittoli* du *Breviarium*[2]. Il répond à l'*allium schœnoprasum*, connu sous les divers noms de cive, ciboulette, civette, appétit.

Le nom de *radices*, qui se trouve déjà au § 44, sert à désigner à la fois le radis, la rave et le raifort, *raphanus sativus* L.. On lit dans le ms. du neuvième siècle : *Rafanum, id est radix ;* et *Rafana, id est ortulana radice*[3].

Tresenreuter et Kinderling réunissent *ascalonicas* et *cepas*, pour en faire un seul nom, celui d'échalottes. Anton et Sprengel les séparent, à l'exemple de tous les éditeurs ; et je crois, en effet, qu'il s'agit ici de deux plantes différentes, savoir : de l'échalotte, *allium ascalonicum* L., et de la ciboule, *allium fistulosum* L.. Le nom de celle-ci a probablement été formé de *cepula* ou *cepola,* diminutif de *cepa.*

Cardones, déjà mentionné au § 43, où il signifie nécessairement le chardon à bonnetier, ne peut s'entendre de l'artichaut ni du cardon, qui ne paraissent pas d'ailleurs avoir été connus en France au neuvième siècle. Il s'agit donc ici du *dipsacus fullonum* de Linné.

L'épithète de *mauriscum*, donnée au *pisum,* n'a pas été expliquée. Ce pois répond certainement à notre pois commun ou à une de ses espèces. Sprengel se borne à le désigner sous le nom de *pisum sativum* L.

La plante appelée *lactoridas* ou *lactorida* est sans aucun doute la même que Vincent de Beauvais désigne sous le nom de *lacte rides*. L'article qui la concerne, dans son ouvrage, est ainsi conçu : Ex Herbario. *Lacterides nascitur in locis cultis et sabulosis*[4]. *Valet contra ventris duritiem granum ejus purgatum et*

1. Fol. 181'.
2. § 23, dans *Irm.*, II, 304 ; Pertz, *LL*. I, 180.
3. Fol. 179'.
4. Il y a dans l'imprimé *fabulosis,* mais on lit *sabulosis* dans les mss.

potui in aqua datum calida. DIOSCORIDES. *Lacteridem putant hastam in cubiti longitudine, sed inanem, in qua capitellum rotundum est, et folia oblonga sicut amygdalæ, sed oblongiora et leviora. Semen autem obrotundum sicut capparæ, deforis nigrum, intus album et dulce. Omnis frutex ejus lachryma et succo plenus est, sicut tithimallus. Virtus est illi cathartica, etc.*[1]. Or, cette description, empruntée en très-grande partie à Dioscoride, semble convenir parfaitement au *lathyris* de cet auteur[2], et s'appliquer également bien à l'*euphorbia lathyris* de Linné, c'est-à-dire à l'épurge. Le savant Sprengel a reconnu cette concordance, mais sans la justifier. C'est probablement encore la même plante qui porte, dans Pline, le nom de *lactoris*. Les synonymies qui la concernent dans notre ms. du neuvième siècle sont exprimées de la manière suivante : *Camella, id est lactaridas*[3]; *Davaria, id est lactarida*[4]; *Lacteridas, id est coconidos sive semen purgaturiæ*[5]; *Ottetin, id est lactareda*[6]; *Tribucas, id est lactaredas*[7]; *Cociminos, id est lactaridas*[8]; *Camella, id est lactaredas*[9]. Le *lactarida* est encore appelé *choctosnidos, citochacim* et *davaria*[10].

Le *Jovis barba* de notre capitulaire répond au *sempervivum tectorum* de Linné, qui est la joubarbe des toits. On lit dans le ms. du neuvième siècle : *Jovis barba, id est sempervivo*[11]. La même plante y reçoit encore d'autres noms[12], qui se rapportent peut-être à des genres différents, et qu'il est d'ailleurs inutile de transcrire.

Les arbres nommés à la fin du paragraphe ne donnent lieu à aucune explication. Quant aux espèces de pommes et de poires, il semble impossible aujourd'hui de les déterminer.

1. *Specul. nat.*, IX, 92, col. 619, Duaci 1624.
2. Dioscor., IV, 164, édition de Sprengel, publiée, en 1829 et 1830, par C. Gottlob Kühn.
3. Suppl. lat., 1319, fol. 175.
4. Fol. 175'.
5. Fol. 177.
6. Fol. 178'.
7. Fol. 180'.
8. Fol. 186.
9. *Ibid.*
10. Fol. 186' et 189'.
11. Fol. 192'.
12. Fol. 182, 183', 184.

Je vais maintenant, pour achever mes explications, traiter la question que j'ai réservée, savoir, celle qui concerne les *judices* ou les intendants. Je ferai observer qu'il s'agit seulement ici des *judices villarum*, et non des *judices* en général, dont les titres, les rangs et les fonctions sont très-variés et n'entrent pas dans mon sujet. Or il résulte des divers paragraphes de notre capitulaire :

1° Que leurs districts embrassaient plusieurs *villa* ou terres (§ 17); qu'ils avaient l'administration, la police et la justice des terres royales, et l'autorité sur tous les hommes du roi, libres, colons ou serfs, qui habitaient dans leurs districts (§§ 1, 2, 3, 4, 6, 7, 9, 11, 12, 16, 25, 27, 29, 51, 52, 53, 54, 56, 57, 67); qu'ils commandaient aux maires, doyens, forestiers, cellériers et autres officiers subalternes (§§ 10, 17, 26, 47, 50, 60), et qu'ils les nommaient (§ 60); mais qu'ils n'avaient aucune juridiction sur les hommes libres étrangers à la maison royale (§§ 4, 53, 56);

2° Qu'ils étaient chargés de présider au labourage, à la moisson, à la fauchaison, aux vendanges, à l'achat des semences, à la conservation des fruits et des récoltes, et généralement à tous les travaux de la campagne (§§ 5, 8, 25, 32, 33, 36, 37, 46, 48);

3° Qu'ils devaient acheter, assurer et apprêter les provisions de toute espèce (§§ 8, 17, 18, 19, 22, 23, 24, 34, 35, 38, 44, 55, 59, 61, 62, 63, 65, 66); en tenir des états (§§ 55, 62) et vendre le superflu (§§ 33, 39, 65);

4° Qu'ils percevaient les droits, les cens et autres redevances dus au roi, et qu'ils lui en rendaient compte (§§ 4, 8, 10, 20, 28, 36, 39, 62);

5° Qu'ils devaient entretenir les bâtiments, les clôtures et les parcs; les cuisines, brasseries, boulangeries, pressoirs, et tout le mobilier (§§ 27, 40, 41, 42, 46, 48, 49, 63); les viviers, vacheries, porcheries et bergeries, les troupeaux de chèvres, les boucs et les chiens (§§ 21, 23, 58, 65);

6° Qu'ils avaient la direction et la surveillance des ateliers d'hommes et de femmes (§§ 31, 43, 45, 49);

7° Qu'ils préparaient les chariots et les approvisionnements de guerre (§§ 30, 64, 68);

8° Que l'administration des haras rentrait dans leurs attributions (§§ 13, 14, 15, 50);

9° Qu'ils avaient le soin de nourrir les poules, les oies, les paons, les faisans, les canards, les pigeons, les perdrix, les tourterelles, les faucons et les éperviers des maisons royales (§§ 18, 19, 36, 40);

10° Que la destruction des loups était mise à leur charge (§ 69);

11° Qu'ils avaient l'inspection sur les jardins, et devaient y faire cultiver toutes les plantes usuelles et les principales espèces d'arbres fruitiers (§ 70);

12° Qu'ils rendaient compte tous les ans au roi de l'administration de ses terres, et lui adressaient des états particuliers des manses vacants et des serfs achetés (§§ 28, 55, 62, 67);

13° Enfin, qu'ils recevaient directement les ordres du roi, de la reine, du sénéchal et du bouteiller, et correspondaient avec eux (§§ 13, 16, 44, 47, 55, 57, 58, 62, 67).

Les *judices villarum regiarum* résidaient sur les terres de leurs districts, comme on doit le conclure de leurs attributions [1]; et, attendu qu'ils relevaient immédiatement, ainsi qu'on vient de le voir, du roi, de la reine et de deux grands officiers du palais, ils devaient être à peu près indépendants de l'autorité des comtes, pour pouvoir exercer une juridiction exceptionnelle et privilégiée. Néanmoins le comte d'un *pagus* avait le droit et l'obligation de poursuivre les criminels sur les terres d'immunité, et d'exiger du juge royal leur comparution à la cour du comté et leur extradition [2].

La lettre écrite, en 858, par Hincmar, au nom des évêques des provinces de Reims et de Rouen, et adressée à Louis, roi de Germanie, rappelle une grande partie des attributions des *judices villarum*. Quoique le passage soit assez long, j'hésite d'autant moins à le rapporter d'après Baluze, que D. Bouquet n'en a inséré que le commencement dans sa collection [3]. La clarté du texte et les explications que j'ai données me dispensent d'y joindre une traduction et des commentaires. *Judices denique vil-*

1. Dans un diplôme de Childebert Ier, de l'an 528, en faveur du monastère de Saint-Calais, un *judex* a sa résidence fixée dans son district. *Dedimus ergo... de fisco nostro Maddoallo, super fluvium Anisola* [l'Anille, qui se jette dans la Braye, au sud de Saint-Calais, Sarthe]..... Et ensuite : *Terminus ergo de nostra donatione, qui est inter dominationem fisci Maddoallensis et nostra traditione, incipit a villa..., et pergit...; deinde descendit ad eum locum ubi Maurus, ipsius Maddoallo judex, manere videtur.* (Bréq., p. 26; Pard., I, 75.)

2. Car. C. *Capitul. Caris.*, *a.* 873, c. 3; dans Bal., II, 229; Pertz, *LL.* I, 50.

3. VII, 521.

larum regiarum, écrit Hincmar, *constituite, qui non sint cupidi qui non diligant avaritiam, et usuras nec ipsi faciant, nec pecunias regias vel suas ad usuras donent, neque a suis subditis usuras fieri sinant : quæ omnia vos super omnes ministros vestros odire debetis et fugere. Et servos regios judices non opprimant nec ultra quod soliti fuerunt reddere tempore patris vestri ab eis exigant; neque per angarias in tempore incongruo illos affligant; neque per dolos aut per mala ingenia sive inconvenientes precationes colonos condemnent; quia si per tales vel alias hujusmodi factiones pondus argenti vel auri habueritis in arca, majus et gravius pondus erit peccati quod habebitis in conscientia vestra et anima. Ædificent villas vestras moderatis castitiis, ut et honestas necessaria sit, et familia non gravetur. Laborent et excolant terras et vineas in tempore cum debita sollicitudine, salvent et dispensent laborata cum fideli discretione, faciant nutrimenta congrua et necessaria; custodiant sylvas, unde habeant pastiones; defendant et excolant prata, unde habeant pabula; quatinus non sit vobis necesse per quascunque occasiones, quorumcunque hortatibus, circuire loca episcoporum, abbatum, abbatissarum vel comitum, et majores quam ratio postulat paratas exquirere, et pauperes ecclesiasticos et fidelium vestrorum mansuarios in carricaturis et paraveredis contra debitum exigendis gravare, et peccatum de facultatibus indebite consumptis in animam vestram congerere..... Judices vero villarum colonos distringant, ut non ecclesiasticos homines vel francos pauperiores, aut alienos servos, propter privilegium regium opprimant, aut sylvas vel quæcunque aliorum sunt in sua vicinitate devastent*[1].

En signalant les abus dont les *judices villarum* se rendaient coupables, ce document confirme en même temps l'idée que l'on doit se former de ces officiers d'après le capitulaire *de Villis*.

Le *villicus*, dont il est question dans un capitulaire de Charlemagne, paraît répondre au *judex villæ*, plutôt qu'au *major*. Ses devoirs sont en effet définis, par ce capitulaire, de la manière suivante : *Ut vilicus bonus, sapiens et prudens in opus nostrum eligatur, qui sciat rationem misso nostro reddere et servitium perficere, prout loca locata sunt; ædificia emendant; nutriant porcos, jumenta, animalia, ortos, apes, aucas, pullos, vivaria cum pisces, vennas, molina, stirpes; terram aratoriam studeant*

1. *Epist. episcopor. ad Ludov. reg.*, c. 14; dans Bal., II, 115.

femare. In forestis mansum regale, et ibi vivaria cum pisces, et homines ibi maneant. Et plantent vineas, faciant pomaria, et ubicumque inveniunt utiles homines, detur illis silva ad stirpandum, ut nostrum servitium inmelioretur. Et ut feminæ nostræ, quæ ad opus nostrum sunt servientes, habeant ex partibus nostris lanam et linum, et faciant sarciles et camisiles, et perveniant ad cameram nostram per rationem per vilicis nostris aut a missis ejus a se transmissis[1].

Les attributions du *villicus* carlovingien ressemblent, comme on voit, à celles de notre *judex*. C'est donc à tort que j'ai assimilé ailleurs ce *villicus* au maire; la ressemblance n'existe qu'entre le *major* du moyen âge et le *villicus* romain, qui tous deux étaient privés de la liberté. Le *villicus* et le *major* sont distingués l'un de l'autre, au treizième siècle, dans le cartulaire de Lausanne[2]. Le *villicus* se présente aussi, chez les Visigoths, avec tous les caractères d'un véritable magistrat[3].

Pour nous résumer, les *judices villarum* ne sont autres que les intendants des terres royales : c'étaient des hommes libres et souvent puissants, qui réunissaient à leur autorité domestique un pouvoir public sur tous les hommes du roi établis dans leur ressort.

Je terminerai ce travail en donnant une traduction, aussi claire et aussi précise que j'ai pu le faire, du texte que je me suis efforcé d'expliquer.

CAPITULAIRE DES TERRES ET COURS IMPÉRIALES.

1. Nous voulons que nos terres, dont nous avons affecté les revenus à notre profit, servent intégralement à notre usage, et non à celui d'autrui.

2. Qu'on ait bien soin de tous ceux qui nous appartiennent, et qu'ils ne soient réduits à la pauvreté par personne.

3. Que nos intendants se gardent de les mettre à leur service, et de les forcer de faire pour eux des labours par corvées, des coupes de

1. *Capitul.*, *a.* 813, c. 19; dans Pertz, *LL.* I, 189; Bal., I, 510.
2. P. 295-299.
3. *L. Wisig.*, VIII, 1, 5 et 9; IX, 1, 8 et 9; X, 1, 16; XI, 1, 2; XII, 1, 2; etc. Voy. aussi *Concil. Cabilon.* II, *a.* 813, c. 12, dans Mansi, XIV, 96; *charta Papponis*, *episc. Met.*, *a.* 1095, dans *Hist. de Metz*, t. III, pr. p. 100 et 101; *Cartul. de Romainmotier*, p. 801-803.

bois, ou toute autre espèce de travail; et qu'ils n'acceptent d'eux aucu présent, ni cheval, ni bœuf, ni vache, ni porc, grand ou petit, ni bre bis, ni agneau, ni quoi que ce soit, excepté quelques bouteilles de vi ou d'autre boisson, du jardinage, des fruits, des poulets et des œufs

4. Si nos hommes nous ont fait tort par des vols ou par d'autres fau tes, qu'ils réparent entièrement le dommage, et que, pour le reste d la satisfaction légale, ils subissent la peine du fouet, à l'exception de cas d'homicide ou d'incendie, qui peuvent être punis d'amendes. Mais pour le préjudice causé par eux à d'autres personnes, nos intendant auront soin de rendre aux parties lésées la justice qui leur est due d'a près la loi; car, pour les torts commis envers nous, les coupables en courront seulement, au lieu d'amende, la peine du fouet, comme nou l'avons dit. Quant aux hommes libres qui habitent dans nos fiscs o dans nos terres, qu'ils réparent, selon leurs lois, le mal qu'ils auror fait, et que les amendes encourues par eux soient payées à notre pro fit, soit en bétail, soit en autres valeurs.

5. Lorsque nos intendants doivent procéder aux travaux de no champs, aux semailles, aux labours, à la moisson, à la fauchaison, à l vendange, que chacun d'eux, au temps du travail et dans chaque lieu prévoie et règle de quelle manière on doit opérer pour que tout soi mené à bien. S'ils ne sont pas dans le pays et qu'ils ne puissent se ren dre eux-mêmes sur les lieux, qu'ils envoient quelqu'un de nos homme en état de les bien remplacer, ou une autre personne bien accréditée pour pourvoir à nos affaires et les conduire à bonne fin. Mais que no intendants apportent la plus grande attention à n'employer à leur place pour notre cause, que des hommes fidèles.

6. Nous voulons que nos intendants donnent intégralement la dîm de tous les produits aux églises qui sont dans nos fiscs, et que notr dîme ne soit pas donnée aux églises d'autrui, excepté à celles qui, d'a près une institution ancienne, sont en usage de la recevoir. Nous vou lons aussi que ces églises ne soient pas possédées par d'autres ecclé siastiques que par les nôtres, c'est-à-dire par ceux qui sont de notre maison ou de notre chapelle.

7. Que chaque intendant fasse exactement et complétement son service, tel qu'il lui a été prescrit. Et s'il y a nécessité pour lui de l'aug menter, qu'il fasse calculer s'il doit pourvoir à ce surcroît de service par un supplément d'hommes ou par un supplément de journées.

8. Que nos intendants prennent la charge de nos vignes, qui sont de leur ressort, qu'ils les fassent bien cultiver; qu'ils mettent le vin dans de bons vaisseaux, et veillent avec soin à ce qu'il n'y en ait pas de

perdu. Quant à l'autre vin dont ils ont à se pourvoir au dehors, qu'ils en fassent acheter ce qu'il faut pour l'approvisionnement des maisons royales. Et lorsqu'il en aura été acheté plus qu'il n'est nécessaire pour cet approvisionnement, qu'ils nous en donnent avis, afin que nous leur mandions ce qu'ils en doivent faire. Nous voulons, en effet, qu'ils fassent servir à notre usage le produit des ceps de nos vignes. Le vin qui provient du cens de nos vignes, et qui nous est dû par ceux qui les possèdent, sera mis dans nos celliers.

9. Nous voulons que chaque intendant ait, pour mesures, dans son district, des muids, des setiers (la situle étant de 8 setiers) et des *corbus*, de la même contenance que ceux que nous avons dans notre palais.

10. Que nos maires, forestiers, préposés aux haras, celleriers, doyens, péagers et tous nos autres officiers, fassent les labours réguliers et fixes, et payent la redevance des porcs pour leurs manses; et que, pour la main-d'œuvre qui leur est remise, ils aient à bien remplir leurs offices. Que tout maire qui aura un bénéfice en sa possession fasse mettre quelqu'un à sa place, de manière que son remplaçant s'acquitte pour lui de la main-d'œuvre et des autres services.

11. Que nul intendant ne prenne à son profit, ni même pour ses chiens, de gîte chez nos hommes ni chez les étrangers.

12. Qu'aucun intendant ne fasse garder à personne notre otage, placé dans notre terre.

13. Qu'ils aient bien soin des étalons, c'est-à-dire des *waraniones*, et qu'ils se gardent de les laisser longtemps dans le même pâturage, de peur qu'ils ne le détruisent. S'il y en a un qui ne soit plus propre au service ou qui soit trop ancien, ou qui vienne à mourir, qu'ils nous en donnent avis en temps utile, avant la saison de mettre les étalons avec les juments.

14. Qu'ils veillent au bon entretien de nos juments, et qu'ils séparent les poulains en temps convenable. Et lorsque les pouliches se seront multipliées, qu'ils les séparent également pour en former un nouveau troupeau.

15. Qu'ils aient soin que nos poulains soient rendus à notre palais à la Saint-Martin d'hiver (11 novembre).

16. Nous voulons que nos intendants exécutent ponctuellement ce qui leur sera commandé soit par nous et par la reine, soit, en notre nom ou au nom de la reine, par nos officiers le sénéchal et le bouteiller. Celui qui se rendra coupable de négligence dans l'exécution de nos ordres, devra s'abstenir de boire du moment où il aura été averti, jusqu'à

ce qu'il vienne en notre présence ou en présence de la reine, et qu'il sollicite de nous sa grâce. Si l'intendant est à l'armée, s'il est de garde, en mission ou ailleurs, et qu'il ait commandé à ses aides quelque chose qu'ils n'aient pas fait, alors qu'ils viennent à pied au palais, et qu'ils s'abstiennent de boire et de manger, jusqu'à ce qu'ils aient exposé leurs motifs d'excuse, et qu'ensuite ils reçoivent leur sentence, et soient punis sur leur dos ou de tout autre peine qu'il plaira à nous ou à la reine de leur infliger.

17. Que chaque intendant ait autant d'hommes employés aux abeilles pour notre service, qu'il a de terres dans son ressort.

18. Qu'ils aient dans nos moulins des poules et des oies en proportion de l'importance des moulins et en aussi grand nombre qu'ils pourront.

19. Qu'ils n'aient pas moins de 100 poules et de 30 oies dans les feuils de nos terres principales, et pas moins de 50 poules et de 12 oies dans nos ménils.

20. Que chaque intendant fasse venir abondamment tous les ans à la cour de son district le produit des poules et des oies, et qu'en outre il visite ce produit trois ou quatre fois et plus.

21. Que chaque intendant ait des viviers dans nos cours, où il y en a eu précédemment; qu'il les augmente s'il est possible, et qu'il en soit établi de nouveaux où il n'y en a pas encore eu, et où il peut y en avoir aujourd'hui.

22. Que ceux qui possèdent des vignes n'aient pas moins de trois ou quatre couronnes de raisins chez eux.

23. Dans chacune de nos terres, que nos intendants aient des vacheries, des porcheries, des bergeries et des étables de chèvres et de boucs, autant qu'ils pourront en avoir, et qu'ils n'en soient jamais dépourvus. Qu'ils aient de plus, pour faire leur service, des vaches fournies par nos serfs; de manière que les vacheries et les charrues ne soient en rien amoindries par les travaux exécutés pour notre domaine. Qu'ils aient aussi, quand ils seront de service pour la fourniture des viandes, des bœufs boiteux, mais sains, et des vaches et des chevaux non galeux, ou d'autres bestiaux non malades; et qu'il ne dégarnissent pas pour cela, comme nous l'avons dit, les vacheries ou les charrues.

24. Que chaque intendant ait l'œil sur tout ce qu'il doit donner pour notre table, de manière que tout ce qu'il donne soit bon et excellent, et que tout soit apprêté avec beaucoup de soin et de propreté. Et qu'il ait à sa disposition du blé pour deux repas par jour, lorsqu'il sera chargé du service de notre table. Et que nos autres provisions soient également toutes de bonne qualité, tant la farine que la viande.

25. Qu'ils fassent annoncer, le premier septembre, s'il y aura paisson ou non.

26. Que les maires n'aient pas plus de terres, dans leurs districts, qu'ils n'en peuvent parcourir et administrer en un jour.

27. Que nos habitations aient en tout temps du feu et des gardiens, de manière qu'elles n'éprouvent aucun dommage. Et lorsque nos commissaires ou les envoyés étrangers viennent à notre cour ou en repartent, qu'ils ne prennent aucun gîte dans nos manoirs, sans un ordre particulier de nous ou de la reine; mais qu'ils continuent d'être logés et défrayés soit par le comte, soit par les hommes auxquels cette charge est depuis longtemps imposée par la coutume. Quant aux chevaux de conduite, qu'ils leur soient fournis avec soin, selon l'usage, avec toutes les autres choses qui leur sont nécessaires, afin qu'ils puissent se rendre au palais et s'en retourner commodément et honorablement.

28. Nous voulons que tous les ans, dans le carême, au dimanche des Rameaux, appelé *Osanna*, ils aient soin de faire, suivant notre ordonnance, le versement de l'argent de nos revenus, après que nous aurons reconnu et arrêté les comptes de l'année.

29. Que chaque intendant veille à ce que ceux de nos hommes qui ont des procès, ne soient pas dans la nécessité de venir les poursuivre devant nous, et qu'il ne laisse pas perdre par sa négligence les jours de service qu'ils nous doivent. Et si un de nos serfs a des droits à réclamer dans une terre étrangère, que son chef fasse tout ce qu'il pourra pour qu'il obtienne justice. Dans le cas où le serf ne parviendrait pas à l'obtenir, que son chef ne souffre pas qu'il se fatigue dans ses poursuites, mais qu'il ait soin de nous en informer par lui-même ou par un messager.

30. Nous voulons que nos intendants mettent à part, de chaque espèce de produit, ce qui est nécessaire pour notre usage, pendant leur service; qu'ils fassent mettre aussi à part ce qui doit être chargé sur les voitures pour l'armée, en le prenant tant dans les maisons que chez les pasteurs, et qu'ils sachent la quantité de toutes ces réserves.

31. Qu'ils mettent de même en réserve, tous les ans, la part destinée aux prébendiers et aux personnes des gynécées; qu'ils la leur distribuent intégralement en temps convenable, et qu'ils sachent nous rendre compte de ce qu'ils en font et d'où ils la prennent.

32. Que chaque intendant avise aux moyens d'avoir toujours de la semence de première qualité, soit par achat, soit autrement.

33. Après les approvisionnements ordonnés ci-dessus, après les semailles et après les autres sortes d'emploi qu'on aura pu faire des dif-

ferentes espèces de produits, tout ce qui en restera devra être conservé jusqu'à nouvel ordre de notre part, pour être ensuite vendu ou mis en réserve selon que nous en aurons disposé.

34. Il faut absolument veiller avec la plus grande attention à ce que le lard, les viandes fumées, les salaisons, le petit salé, le vin, le vinaigre, le vin de mûres, le vin cuit, le garus, la moutarde, les fromages, le beurre, le malt, la bière, l'hydromel, le miel, la cire, la farine, en un mot tout ce qui s'apprête ou se fait avec les mains, soit apprêté et fait avec la plus grande propreté.

35. Nous voulons que l'on fasse de la graisse avec les brebis grasses, comme avec les porcs. Nous voulons, en outre, que nos intendants n'aient pas moins de deux bœufs gras, dans chacune de nos terres, soit pour en faire de la graisse sur les lieux, soit pour nous être envoyés.

36. Que nos bois et nos forêts soient bien gardés. S'il y a des places à défricher, qu'ils les fassent défricher, et qu'ils ne laissent pas gagner les bois sur les champs. Que, là où il doit y avoir des bois, ils ne souffrent pas qu'on les coupe trop ni qu'on les gâte. Qu'ils veillent attentivement à la garde de notre gibier dans nos forêts. Qu'ils veillent de même aux autours et aux éperviers réservés pour notre service. Qu'ils perçoivent diligemment les cens de nos bois. Et si nos intendants, ou nos maires, ou leurs hommes, y mettent engraisser leurs porcs, qu'ils soient les premiers à en payer la dîme, pour donner le bon exemple, afin qu'ensuite les autres hommes la payent exactement.

37. Qu'ils tiennent nos champs et nos cultures en bon état, et qu'ils fassent garder nos prés en temps opportun.

38. Qu'ils aient en tout temps un nombre suffisant d'oies et de poules grasses, soit pour en faire usage quand ils sont de service, soit pour nous les envoyer.

39. Nous voulons qu'ils soient chargés de recevoir les poulets et les œufs que nos sergents et les possesseurs de manses rendent chaque année, et qu'ils les fassent vendre lorsqu'ils ne sont pas de service.

40. Que chaque intendant ait toujours dans nos terres, pour servir à leur ornement, des oiseaux singuliers, tels que paons, faisans, canards, pigeons, perdrix, tourterelles.

41. Que les bâtiments, dans nos cours, et les haies qui les environnent soient bien entretenus, et que les étables, les cuisines, les boulangeries et les pressoirs soient tenus en bon état, afin que les employés à notre service puissent y remplir leurs fonctions convenablement et avec une grande propreté.

42. Que, dans chacune de nos terres, la chambre soit pourvue de

courtes-pointes, de coussins, d'oreillers, de draps de lit, de tapis de table et de banquettes; de vaisseaux d'airain, de plomb, de fer et de bois; de chenets, de chaînes, de crémaillères, de doloires, de cognées, de tarières, de coutelas, et de toutes les autres espèces d'outils, de manière qu'on ne soit jamais dans la nécessité d'en aller chercher ou d'en emprunter au dehors. Que chaque intendant ait soin des instruments de guerre, pour qu'ils soient en bon état, et lorsqu'ils reviendront de l'armée, qu'ils soient replacés dans la chambre.

43. Que nos intendants fassent donner, en temps convenable, à nos gynécées, selon l'usage établi, les choses nécessaires pour le travail, c'est-à-dire du lin, de la laine, de la guède, de la teinture en vermeil, de la garance, des peignes à laine, des chardons, du savon, de la graisse, des vaisseaux, et les autres objets dont on a besoin aux gynécées.

44. Qu'ils nous envoient chaque année, pour notre service, les deux tiers des aliments maigres, tant en légumes, qu'en poisson, fromages, beurre, miel, moutarde, vinaigre, millet, panic, herbes sèches et vertes, radis et navets, et, de plus, les deux tiers de la cire, du savon et des autres denrées de cette espèce; et qu'ils nous fassent connaître ce qui sera de reste, au moyen d'un état qu'ils nous en adresseront, ainsi que nous l'avons dit ci-dessus. Mais qu'ils ne négligent pas ce devoir, comme ils l'ont négligé jusqu'à ce jour; car nous voulons vérifier par les deux tiers envoyés la quantité du tiers restant.

45. Que chaque intendant ait dans son district de bons ouvriers, savoir : des ouvriers pour le fer, pour l'or et pour l'argent; des cordonniers, des tourneurs, des charpentiers, des fabricants d'écus, des pêcheurs, des oiseleurs; des fabricants de savon; des hommes qui sachent fabriquer la bière, le cidre, le poiré et toutes les autres espèces de boissons; des boulangers qui fassent de la pâtisserie pour notre table; des ouvriers qui sachent bien faire les rets tant pour la chasse que pour la pêche et pour prendre les oiseaux, et les autres ouvriers qu'il serait trop long d'énumérer.

46. Qu'ils fassent bien garder nos parcs, qu'on appelle vulgairement des breuils; qu'ils aient toujours soin de les faire réparer à temps, et surtout qu'ils n'attendent pas qu'il devienne nécessaire de les reconstruire à neuf. Qu'ils se conduisent de même à l'égard de tous les édifices.

47. Que nos veneurs, nos fauconniers et les autres officiers qui nous font un service assidu au palais, reçoivent assistance dans nos terres, pour l'exécution des ordres contenus dans nos lettres ou dans celles de la reine, lorsque nous les envoyons pour nos affaires, ou lorsque le sé-

néchal et le bouteiller commandent quelque chose de notre part à nos intendants.

48. Que les pressoirs de nos terres soient en bon état. Et que nos intendants veillent à ce que notre vendange ne soit pas foulée avec les pieds ; mais que tout se fasse avec propreté et convenance.

49. Que nos gynécées soient bien ordonnés, c'est-à-dire pourvus d'habitations, de chambres à poêles et d'*escrènes*; qu'ils soient entourés de bonnes haies, et que les portes en soient solides, afin qu'on y puisse bien faire nos ouvrages.

50. Que chaque intendant voie combien on doit placer de poulains dans la même écurie, et combien d'hommes on peut mettre avec eux pour les soigner. Que ces hommes, s'ils sont libres et qu'ils possèdent des bénéfices dans le même district, vivent de leurs bénéfices. De même, s'ils sont fiscalins et qu'ils possèdent des manses, qu'ils vivent de leurs manses; mais, s'ils n'ont ni bénéfices ni manses, qu'ils soient nourris par le domaine.

51. Que chaque intendant prenne garde que les méchants ne puissent cacher sous terre ou ailleurs nos semences, et que pour cela les blés ne viennent mal. De même pour les autres maléfices, que chacun veille à ce qu'ils n'en puissent commettre.

52. Nous voulons qu'ils obligent les fiscalins, les serfs qui nous appartiennent, et les colons étrangers qui habitent nos terres, à faire pleinement et entièrement droit à chacun, comme il le mérite.

53. Que tous nos intendants veillent à ce que nos hommes qui sont de leurs districts ne puissent se livrer au vol ni commettre de maléfices.

54. Que chaque intendant veille avec le même soin à ce que nos hommes fassent bien le travail qu'il a droit d'exiger d'eux, et n'aillent pas perdre leur temps à courir les marchés et les foires.

55. Nous voulons que nos intendants fassent écrire séparément, dans un inventaire, tout ce qu'ils ont donné, fourni ou réservé pour notre usage; et séparément, dans un autre inventaire, tout ce qu'ils auront dépensé eux-mêmes, et qu'ils nous fassent connaître, dans un troisième, tout ce qu'ils ont de reste.

56. Que chaque intendant, dans son district, tienne de fréquentes audiences ; qu'il rende la justice, et veille à ce que tous les hommes qui nous appartiennent vivent honnêtement.

57. Si quelqu'un de nos serfs voulait nous dire contre son chef quelque chose d'important pour nos intérêts, qu'il ne soit pas empêché par lui de venir jusqu'à nous. Et si l'intendant apprend qu'ils ont l'intention

d'aller au palais porter plainte contre leur chef, qu'il nous expose lui-même, dans un rapport contradictoire, les raisons qui les amènent auprès de nous, de manière qu'ils ne fatiguent pas nos oreilles de leurs réclamations. Par ce moyen nous voulons savoir s'ils viennent par nécessité ou sans motif.

58. Lorsque les intendants auront été chargés d'élever nos jeunes chiens, qu'ils les nourrissent à leurs frais, ou qu'ils les confient à leurs aides, c'est-à-dire aux maires, aux doyens ou aux cellériers, qui devront alors les bien nourrir avec ce qui leur appartient, à moins qu'il n'y ait ordre de nous ou de la reine de les nourrir dans notre domaine, à nos frais. Dans ce cas, l'intendant désignera un homme pour prendre soin de leur nourriture, et il fera mettre à part ce que celui-ci devra leur donner, afin qu'il ne soit pas obligé de recourir tous les jours aux fenils.

59. Que chaque intendant, quand il sera de service, fasse donner par jour trois livres de cire et huit setiers de savon, et, en sus, à la Saint-André (30 nov.), partout où nous serons avec nos gens, six livres de cire, et autant à la mi-carême.

60. Que les maires ne soient jamais pris parmi les hommes les plus considérables, mais toujours parmi les honnêtes gens d'un état moyen.

61. Que tout intendant, lorsqu'il est de service, fasse conduire son malt au palais, et qu'il y amène en même temps des maîtres brasseurs, qui fabriquent de bonne bière.

62. Que nos intendants nous adressent tous les ans, à Noël, sur des états séparés, des comptes clairs et méthodiques de tous nos revenus; afin que nous puissions connaître ce que nous avons et combien nous avons de chaque chose, à savoir : le compte de nos terres labourées avec les bœufs que nos bouviers conduisent, et de nos terres labourées par les possesseurs des manses qui nous doivent le labour; le compte des porcs, des cens, des obligations et des amendes; celui du gibier pris dans nos bois sans notre permission, et celui des diverses compositions; celui des moulins, des forêts, des champs, des ponts, des navires; celui des hommes libres et celui des centaines engagées envers notre fisc; celui des marchés, celui des vignes et de ceux qui nous doivent du vin; le compte du foin, du bois à brûler, des torches, des planches et des autres sortes de bois d'œuvre; celui des terres incultes; celui des légumes, du millet et du panic, de la laine, du lin, du chanvre; celui des fruits des arbres, des noyers, des noisetiers, des arbres greffés de toutes les espèces, et des jardins; celui des navets; celui des viviers; celui des cuirs, des peaux

et de cornes d'animaux; celui du miel, de la cire, de la graisse, du suif et du savon; du vin de mûres, du vin cuit, de l'hydromel, du vinaigre, de la bière, du vin nouveau et du vin vieux; du blé nouveau et du blé ancien; celui des poules et des œufs; celui des oies; les comptes des pêcheurs, des ouvriers en métaux, des fabricants d'écus et des cordonniers; celui des huches et des boîtes; celui des tourneurs et des selliers; celui des forges, celui des mines de fer, de plomb et des autres mines; celui des tributaires, et celui des poulains et des pouliches.

63. Que rien de ce qui précède ne paraisse trop dur à nos intendants; car ce que nous requérons d'eux, nous voulons qu'eux-mêmes s'appliquent à le requérir également, sans dureté, des officiers placés sous leurs ordres. En effet, tout ce qu'un homme doit avoir dans sa maison et dans ses terres, nos intendants doivent l'avoir de même dans nos domaines.

64. Que nos chariots qui vont à la guerre, et qu'on nomme basternes, soient bien construits. Que les opercules soient bien couverts de cuirs, et qu'ils soient tellement cousus, que, s'il est nécessaire de passer l'eau, les chariots puissent traverser les rivières avec les provisions qu'ils renferment sans que l'eau y pénètre, et de manière que ce qui nous appartient passe, comme nous l'avons dit, sans éprouver de dommage. Nous voulons que l'on mette dans chaque chariot de la farine pour notre consommation, c'est-à-dire 12 muids. Dans les chariots pour le transport du vin, on en mettra 12 muids de notre mesure. On mettra aussi dans chaque chariot un écu et une lance, un carquois et un arc.

65. Que les poissons de nos viviers soient vendus, et que d'autres soient mis à la place, de manière qu'il y ait toujours du poisson. Toutefois, lorsque nous n'allons pas dans nos terres, que le poisson en soit vendu [sans être remplacé]; et que nos intendants nous fassent profiter du produit de toutes les ventes.

66. Qu'ils nous rendent compte des chèvres et des boucs, de leurs cornes et de leurs peaux; et qu'ils nous amènent tous les ans les quartiers salés récemment des chèvres et des boucs qu'ils auront engraissés.

67. S'ils manquent de tenanciers pour les manses disponibles et de places pour les serfs nouvellement achetés, qu'ils nous en donnent avis.

68. Nous voulons que tous nos intendants aient toujours de bonnes barriques cerclées de fer, toutes prêtes à être envoyées à l'armée et au palais. Quant aux outres de cuir, qu'ils n'en fassent pas fabriquer.

69. Qu'ils nous donnent avis sur-le-champ du nombre des loups que

chacun aura pris, et qu'ils nous en fassent présenter les peaux. Qu'ils procèdent, dans le mois de mai, à la recherche des louveteaux, et qu'ils les attrapent soit avec des poudres empoisonnées et des hameçons, soit à l'aide de fosses et de chiens.

70. Nous voulons qu'ils aient dans les jardins des plantes de toutes espèces, savoir : le lis, les roses, le fénugrec (*trigonella fœnum græcum* L.), la menthe-coq (*tanacetum balsamita* L.), la sauge (*salvia officinalis* L.), la rue (*ruta graveolens* L.), l'aurone (*artemisia abrotanum* L.), les concombres (*cucumis sativus* L.), les citrouilles (*cucurbita pepo* L.), les calebasses et artichauts d'Espagne (*cucurbita lagenaria* et *c. melopepo* L.), le haricot (*phaseolus vulgaris* L.), le cumin officinal (*cuminum cyminum* L.), le romarin (*rosmarinus officinalis* L.), le carvi (*carvi officinarum* L.), le pois-ciche (*cicer arietinum* L.), la scille (*scilla* L.), le glaïeul (*gladiolus communis* L.), la serpentaire (*arum dracunculus* L.), l'anis (*pimpinella anisum* L.), les coloquintes (*cucumis colocynthis* L.), l'héliotrope (*heliotropium europæum* L.), le méum d'athamante (*athamanta meum* L.), le séseli de Marseille (*seseli tortuosum* L.), les laitues (*lactuca sativa* L.), la patte d'araignée (*nigella damascena* L.), la roquette (*brassica eruca* L.), le cresson alénois (*lepidium sativum* L.), la bardane (*arctium lappa* L.), le pouliot (*mentha pulegium* L.), le maceron commun (*smyrnium olusatrum* L.), le persil (*apium petroselinum* L.), le céleri (*apium graveolens* L.), la livèche (*ligusticum levisticum* L.), la sabine (*juniperus sabina* L.), l'aneth (*anethum graveolens* L.), le fenouil doux (*anethum fœniculum* L.), les chicorées (*cichorium intybus*, et *c. endivia* L.), le dictame de Crète (*origanum dictamnus* L.), la moutarde (*sinapis nigra* L.), la sarriette (*satureia hortensis* L.), la menthe aquatique (*mentha aquatica* L.), la menthe des jardins (*mentha gentilis* L.), la menthe à feuilles rondes (*mentha rotundifolia* L.), la tanaisie (*tanacetum vulgare* L.), l'herbe-aux-chats (*nepeta cataria* L.), la petite centaurée (*gentiana centaurium* L.), le pavot des jardins (*papaver sòmniferum* L.), les bettes (*beta vulgaris* et *b. v. rubra* L.), le cabaret (*asarum europæum* L.), les guimauves (*althæa officinalis* L.), les mauves en arbre (*hibiscus syriacus* L.), les mauves (*malva sylvestris* et *m. rotundifolia* L.), les carottes (*daucus carota* L.), les panais (*pastinaca sativa* L.), l'arroche des jardins (*atriplex hortensis* L.), les amarantes blettes (*amaranthus blitum* L.), les choux-raves (*brassica rapa* L.), les choux (*brassica oleracea* L.), les oignons (*allium cepa* L.), les appétits (*allium schœnoprasum* L.), les poireaux (*allium porrum* L.), les raves et radis (*raphanus sativus* L.), les échalotes (*allium*

ascalonicum L.), les ciboules (*allium fistulosum* L.), les aulx (*allium sativum* L.), la garance (*rubia tinctorum* L.), les chardons à bonnetier (*dipsacus fullonum* L.), les fèves des marais (*vicia faba* L.), les pois (*pisum sativum* L.), la coriandre (*coriandrum sativum* L.), le cerfeuil (*scandix cerefolium* L.), les épurges (*euphorbia lathyris* L.), l'orvale (*salvia sclarea* L.).

Que le jardinier ait sur sa maison de la joubarbe (*sempervivum tectorum* L.).

Quant aux arbres, nous voulons que nos intendants aient des pommiers de diverses espèces, des poiriers de diverses espèces, des pruniers de diverses espèces, des sorbiers, des néfliers, des châtaigniers, des pêchers de diverses espèces, des coignassiers, des aveliniers, des amandiers, des mûriers, des lauriers, des pins, des figuiers, des noyers, des cerisiers de diverses espèces.

Noms des pommes : *gozmaringa*, *geroldinga*, *crevedella*, *spirauca*, les unes douces, les autres aigres, toutes de garde ; et celles qu'on mange aussitôt cueillies, et qui sont hâtives.

Poires de garde de trois ou quatre espèces, douces, à cuire [?], ou tardives.

Fin du capitulaire royal.

(Extrait de la Bibliothèque de l'École des chartes, 3e série, t. IV ; mars 1853.)

Paris. — Typographie de Firmin Didot frères, rue Jacob, 56.

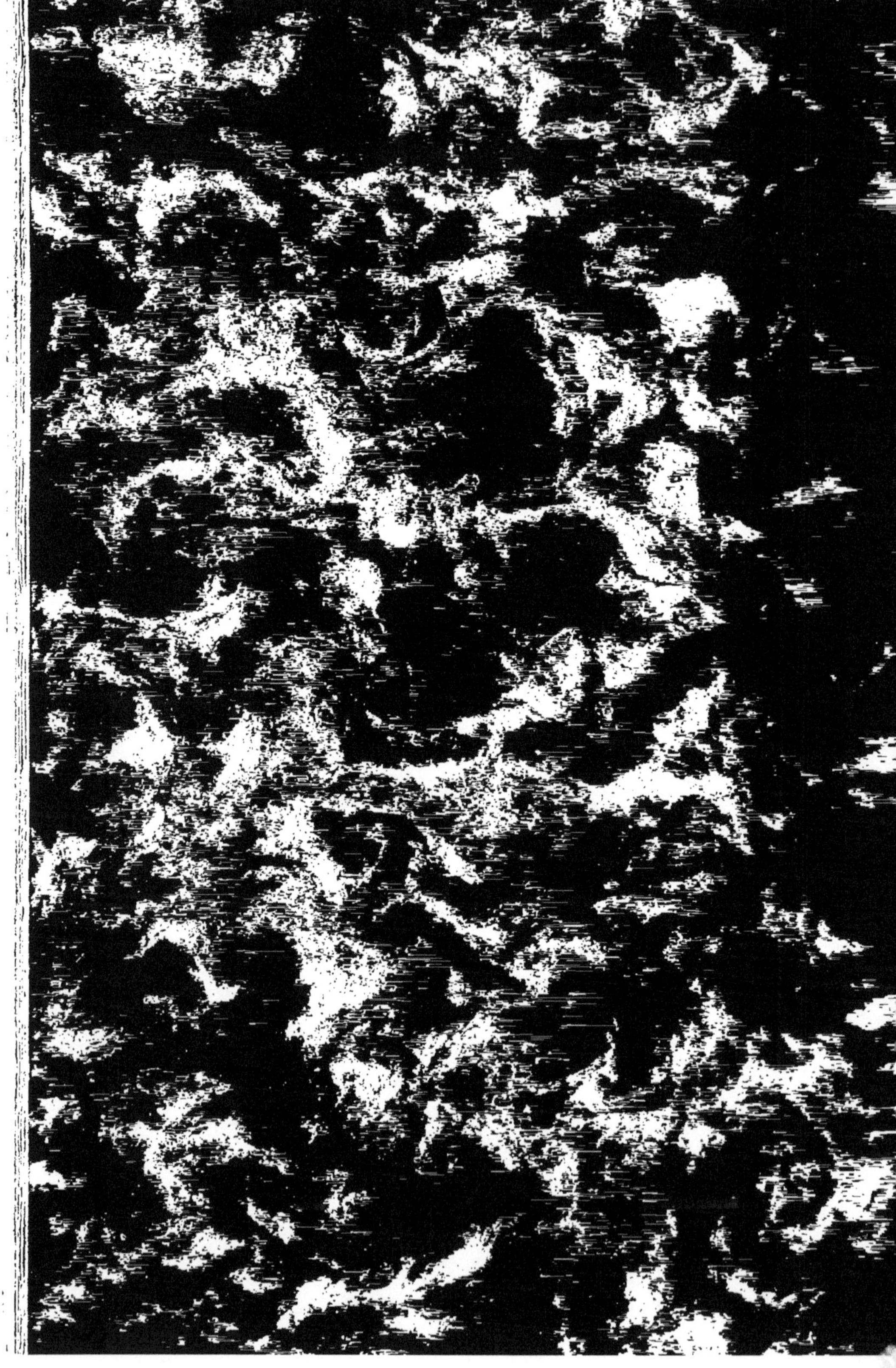

BIBLIOTHEQUE NATIONALE DE FRANCE
3 7502 04103477 0

www.ingramcontent.com/pod-product-compliance
Ingram Content Group UK Ltd.
Pitfield, Milton Keynes, MK11 3LW, UK
UKHW020152200726
13856UKWH00003B/951